Vun Hirte, Engelscher un vum Woihnachtsesel

Adventliche Texte in Pfälzer Mundart

Thomas Kiefer

pilger verlag

Vorwort

Seit über zwanzig Jahren verfasse ich jedes Jahr wieder neu adventliche und weihnachtliche Texte auf pfälzisch, die gewöhnlich in der Woche vor Weihnachten in einer Kirche an der Weinstraße vorgetragen werden. Inzwischen gibt es eine treue Zuhörerschaft, die sich einmal im Jahr darauf freut, mit Lesungen in pfälzischer Mundart, so wie sie rund um Neustadt an der Weinstraße gesprochen wird, auf das Weihnachtsfest eingestimmt zu werden. Aus solchen Lesungstexten ist nun das inzwischen dritte Buch entstanden.

Von Anfang an ist bei den Adventslesungen das in Neustadt bekannte „Mundart-Original" Christel Klohr dabei: eine humor- und temperamentvolle Winzersfrau aus Mußbach, die dort zusammen mit ihrer Familie einen Winzerbetrieb und ganz nebenbei eine Mundart-Theatergruppe leitet. Sie hat in den letzten Jahren meinen Texten durch ihren Vortrag nicht nur Farbe verliehen, sondern als „native speaker" (uff Pälzisch: e echdi pälzischi Babbelgosch) der einen oder anderen Textpassage den letzten Schliff verliehen.

Mein Dank gilt in erster Linie meiner Frau Birgit, die nicht nur jedes Jahr geduldig erträgt, wenn ich bei flirrender Hochsommerhitze meine Gedanken über Stall, Stroh und Krippe fliegen lasse, sondern mir als erfahrene Seelsorgerin mit gutem Rat zur Seite steht. Mein Dankeschön gilt aber auch zwei weiteren Kollegen: Bernhard Böhm, der mit Sprach- und Sachverstand die Texte akribisch durchgearbeitet hat, und Matthias Zech, der sich als Preisträger mehrerer Mundartwettbewerbe einen Namen gemacht hat und mir einige wertvolle Anregungen gegeben hat.

Dass es dieses Buch aber überhaupt gibt, das verdanke ich dem großen Engagement des Teams vom Pilgerverlag: Anja Eisfeld, Thorsten Wolff und vor allem Marco Fraleoni.

Liebe Leserinnen und Leser,

die Adventszeit ist für mich ganz persönlich – trotz der üblichen Jahresend-Hektik – schon immer eine gute Gelegenheit, das eigene Leben etwas gründlicher in den Blick zu nehmen. Dabei hole ich immer wieder gerne die altehrwürdigen biblischen Texte hervor. Wenn ich dann beginne, die Bibelverse lebendig werden zu lassen, indem ich sie ins Pfälzische übertrage, darf ich immer wieder entdecken: Wie schön! Da schaut mir ja gerade der Herrgott höchstpersönlich in mein Herz hinein! Und das macht für mich den Advent zum Advent!

Vielleicht entdecken Sie ja Ähnliches?

06

20

32

46

60

76

Do lischt er der Kläne, uff Hei un uff Stroh

Maler des 14. und 15. Jahrhunderts erzählen die Weihnachtsbotschaft

1

1. Sich astrahle losse

Mer kännt mäne, de Herrgott hätt sich des domols selwer ausgedenkt mit demm Advent, so klor war die Idee: Die Leit vor demm Woihnachtsfescht erscht mol e bissel waade losse. Net glei mit de Deer ins Haus falle, so dass sich die Mensche erscht emol e bissel druff oistelle känn uff denn Daach, wu de Jesus dann dosteht un afangt zu preddische vun soim Känischreich un vun de Welt, wu er erleese will. Aus demm Grund hot er jo meeschlicherweis ach denn Oifall ghat mit demm Johannes: Der Johannes soll nämlich vor demm Messias vornenauslaafe un demm Jesus de Weesch ewe mache.

Awwer äns känn ehr mir glaawe: Des mit demm Johannes un demm Advent hot sich unsern Gott e klä bissel äfacher vorgstellt. De Johannes war noch net uff de Welt, do hot nämlich erscht emol demm soin Vadder, de Zacharias, demm Herrgott s Lewe schwer gemacht. Was hot unsern Gott mit demm noch Ärwet ghat, bis am End vun dere Woihnachtgschicht des kläne Chrischtus-Kinnel in de Kripp hot lische dirfe.

Richdisch sturkeppisch war er, der alte Grookopp, wie de Engel Gabriel vorem gstanne hot mit soine komische Noochricht: E Kind sellten se krische, er un soi aldi Lisbeth! En Bu sellt die noch uff die Welt bringe, en Prophet sellt aus demm were, un des, wu se doch alle zwä nimmie die Jingschde sin. Do hot der bloß noch de Kopp schiddle känne. Un de Gabriel hot sich dann so iwwer denn Zacharias ärschre misse, dass do ach kä Redd mäh war vun Frohlocke un Hosianna singe. De Engel war so ebbes vun wiedisch un hot in soim heilische Zorn nimmie an sich halte känne: „Wann du noch net emol so me Himmelsbriefträcher ebbes glaawe kannscht, will ich vun deer in de nägscht Zeit kän Mucks mäh heere bis der Klä uff de Welt is. So, des hoscht jetzt devu!" – Un dann is kumme, was hot kumme misse: Demm Zacharias hots vun ewe uff jetzert die Sprooch verschlache.

Neun Monat lang hot er dann kä Wort mäh rauskriet. Un wann en die Leit ebbes hänn frooche wolle, hot er sich net annerscht zu helfe gewisst wie mimme Griffel uff e Schreibdäfelsche zu schreiwe. Sechsedreißisch lange Woche hot der arme Deiwel waade misse, bis des Biewel endlich uff die Welt gebrocht war. Un kaum war des Kerlsche uff de Welt, do hot die ganz bucklisch Verwandtschaft agfange, Zores zu mache un hot mit dere arme Lisbeth rumdischbediert, bloß weil se sich net änisch worre sin, was fer en Name des Butzelche krische soll.

Do is awwer demm Zacharias die Zornader gschwolle! Der hot dann erscht emol astännisch uff de Disch gekloppt, hot soi Schreibdafel rausgholt un hot ganz groß des Wort „Johannes" druffgschriwwe. Un ehr werns net glaawe: Der hot noch net rischdisch denn Griffel weggelescht ghat, do hot er – wie e Wunner – widder babble känne.

Dann hots em gedämmert, un er hot dra denke misse, was de Engel Gabriel vor Woche noch zu em gsat ghat hot. – Ganz warm is es em ums Herz wore. Un es war em, als wär de Heilisch Geischt iwwern kumme, un er hot garnimmie annerscht gewisst wie laut nauszujuchze:

Frei noochem Lukas-Evangelium (Lk 1, 68 – 79)

68 Was is des fer en Kerl, de Herrgott, de Gott vun
Israel! Der is zu uns kumme un hot soi Volk
besucht un frei gemacht;
69 der hot uns en starke Redder gschickt eng ver-
wandt mit demm soim Knecht David.
70 Schun vor Johr un Daach hot er des voraussaache
losse, vun soine heilische Prophete.
71 Der war fer uns die ledscht Reddung vor unsre
Feinde, der hot uns freigelosst aus de Gewalt vun
Leit, wu voller Hass sin.
72 Bis zum heidische Daach denkt er dra, schenkt
soi Lieb, die wu er schun unsere Ahne gewwe
hot, denkt an soin heilische Bund,
73 un an des, was er unserm Vorvadder Abraham in
die Hand noi gschwore hot;
74 dass er uns rauslosst aus de Fäng vun unsere
Feinde, un mir dann äfach so fer de Herrgott do
soi känn, uhne uns zu feerschde
75 un mir unser Lewe bloß noch so lewen, dass er
soi Fräd dra hot, astännisch un gerecht e Lewe
lang.

76 Un du, Kind – du werscht emol de Prophet vum Allerheegschde soi; du werscht mol vorem Herrgott vornenauslaafe un gucke, dass de Weesch fer en frei is.
77 Du werscht emol demm Volk vum Herrgott verzeele, dass se all spieren, wie gut ers mit ne mänt, weil all die Sünne vergewwe wern.
78 Unsern Herrgott is so lieb un barmherzisch,
der kummt un schickt uns denn Redder, des Licht vun ganz owwe
79 un machts ganz hell fer die, wu im Dunkle hocken als wären se schun dod un guckt, wu mer rumlaafen un zeischt uns de Weesch hie zum Friede.

Do lischt er jetzt, de kläne Redder: ums Keppel vun demm Bobbelsche en helle Strahlekranz, wu in die dunkel Nacht noischoint. „Abedung vum Kind" heeßt des Bild. Wann mer sich des Bild in soinere ganze Greeß agucke kännt, deet mer links newer demm Kind noch die Maria sähne. Hinnedra stehn de Ochs un de Esel. Die Viecher ganz im Dunkle, bloß die Maria net. Die werd ageleicht vun demm kläne Jesus. – Hell astrahle losse vun demm Licht hot sich ach de Evangelischt Johannes. Des kann mer glei in de erschde Zeile vun soim Johannes-Evangelium noochlese:

Frei noochem Johannes-Evangelium (Joh 1, 1 – 5. 9)

1 Am Afang hots bloß des Wort gewwe. Des Wort war beim Herrgott, un des Wort war grad selwer de Herrgott.
2 Vun Afang a wars beim Herrgott.
3 All des, wu is, is wore durchs Wort; un uhne des Wort wär äfach garnix.
4 In demm Wort wars Lewe, un des Lewe wars Licht fer die Mensche.
5 Des Licht strahlt ins Dunkle noi, awwer des Dunkle wollt duschber bleiwe un äfach net heller were.
…
9 Des änzisch wohre Licht, wu jeden Mensch aleischt, is in die Welt kumme.

2. Sich de Weesch weise losse

So en sieße Kerl mit mopsische Speckärmscher un goldische Knoddelfießelscher. Es is alles dra, was zu so me Käwwerle dezughert. Bloß

des äne Händel will net so rischdisch zu demm Bobbelsche basse: Des Chrischtuskind streckt die Hand aus, als wollts demm äne heilische Känisch un de Leit uff de ganz Welt en Seesche gewwe un noch dezu mit soim Fingerle ebbes zeische un dodebei saache: „Als de Bu vum Herrgott bin ich zu eich kumme. Ich bring eich die gut Noochricht vum Vadder, un der will, dass ich eich zeisch, wie mer soi Lewe besser lewe kännt." Un wann ehr all mol demm Klä in soi Gsichtel noigucken, wern ehr ahne, was der mit soine gute Noochricht noch fer en Huddel hawwe werd. Un mer mänt grad, der deet saache:

„Was wer ich noch rumzackre misse mit so Sturkepp wie mit emme Herodes odder mit emme Pilatus, wu net wohrhawwe wollen, dass ich selwer de Bu vum Herrgott bin un ach noch dezu Känisch soi soll fer die ganz Welt,

mich plooche misse wesche owwergscheite Schriftgelehrte, wu bloß druff gucken, dass mer nix verkehrt macht un sich an die Gebote halt, un es denne net in de Kopp noi will, dass de Herrgott bloß uff unser Lieb aus is,

mich rumschinne mit Mensche, wu im Kläne wie im Große druff un dra sin, ihrn Glaawe zu verrote grad so wie de Petrus odder de Judas, rumquäle mit Leit mit Herze kalt wie Eis, wu ich mich alsfort dummle muss, denne de Herrgott ans Herz zu lesche, bloß dass es ufftaut, un ich dann am End dodefor selwer s Herz durchbohrt krisch."

Ihr Leit, vun hinne, aus em Bild raus hebt uns die Gottesmudder des Chrischtkind entgesche un es kummt em vor, als wollt se uns zurufe: „Do is er, moin Bu! So klä wie der is, so groß is soi Lieb. Do nemmenen, ich leschen eich ans Herz. Un der weist eich mit soim Händel de Weesch zum Lewe!"

Ja, die Adventszeit is die Zeit, wu mer sich frooche losse muss, ob mer denn Weesch mit em Herrgott gehe will odder net. Äns is klar: Es gibt beim Herrgott net „e bissel Woihnachte" un net „e bissel Lieb".

Noochem Buch Jesus Sirach (Sir 15, 14-17)

14 Am Afang is er hiegange un hot de Mensch gemacht un hot em die Freiheit gschenkt, dass er selwer gucke kann, was gut un was schlecht ist.
15 Alleweil bischt du an de Reih un muscht selwer defor sorsche, dassd dich an soi Gebote haldscht.

Du muscht halt selwer wisse, obd demm treu soi willscht.

16 Der hot Feier un Wasser vor dich gstellt; alleweil bischt du dra un kannscht wähle, was der liewer is.

17 Du hoscht die Wahl zwische Lewe un Dod, un du krigscht am End des, wasd der ausgsucht hoscht.

An de Kripp vor demm Kind kniet am Bildrand en Känisch. Ganz adächdisch guckt er aus soine Aache hie zu demm Klä. Anschoins hot der Känisch soin Weesch schun gfunne, der hot sich entschiede.

Fer denn is es Chrischtkinnel schun kumme,
der will de Weesch mit demm Kind weitergehe,
fer denn is Woihnachte.

Der kann dann e Lied iwwer de Herrgott singe: Iwwer denn Gott, wu am End als Richter kummt un die Reddung bringt. E Lied, wies die Jude schun vor hunnerte vun Johre uff de Lippe ghat hänn:

Frei noochem Psalm 98, 1 – 9

1 Auf, mir singen demm Herrgott e neies Lied! Was der alles macht, des is e Wunner, was hot der als Gott alles uff die Bä gstellt un ferdisch-gebroocht.

2 De ganz Welt hot er gezeischt, dass er de Redder is. Uff denn is Verloss!

3 Des, was er versproche hot, hot er ghalte un hot Israel gezeischt, wie gut un treu er is. All – bis in die ledscht Eck vun unsere Erd – hänn gsähne, dass de Herrgott uns Freiheit un Friede gschenkt hot.

4 Auf, ihr Leit uff dere ganze Welt, fangen all mol a un dun unserm Herrgott laut zujuble! Auf, fangen a, zu juchze un Lieder zu singe!

5 Singen Lieder zamme mit re Harf, mit re Harf singen Lieder ganz laut!

6 Blosen in die Trumbede un Herner, juchzen laut naus vor unserm Herrgott, dem Känisch vun de ganz Welt!

7 S Meer soll brause zamme mit demm Viehzeisch, wu dort drin schwimmt un rumkrawwelt, die Erd soll juble zamme mit denne, wu dort wohnen;

8 Die Flüss sollen in die Händ klatsche un die ganze Bersch im Chor singe!
9 Weil de Herr kummt; der kummt un guckt, dass es uff de Erd astännisch zugeht. Er fiehrt dann als Richter uff de ganz Welt soi Reschiment un is mäh wie gerecht.

3. Ins Herz gucke losse

Ugfähr vor sechshunnert Johr is des Bild gemolt worre. Uff de link Seit sieht mer en Mannskerl vor demm Kind kniee: Mit so me deire Mantel, wu sogar noch Gold dra is! Des kann bloß en Känisch soi! Die Haut vun de Sunn ganz braun gebrennt, lange graue Hoor un en ellelange Rauschebart: en Zugeräste! Wann der kän Känisch wär, hätt mer denn bei uns net äfach so roigelosst! Denn hätt mer erscht mol oikassiert, dann hätt mer de Pass kontrolliert, hättenen än Zeddel nooch em annere ausfille losse, un dann hätts gut soi känne, dass mern glei in de nägschde Fliescher gsetzt un redur gschickt hätt.

Der uff demm Bild hot awwer Gott sei Dank mäner Glick wie so manch e Menschekind heitsedaach. Der

hot bleiwe dirfe. Mer sieht en kniee, denn alte Mann. Un mit me Lache in de Mundwinkel lescht er demm kläne Jesus soi Schatzkischdel voll mit Gold, soin ganze Reichtum vor die Fieß. Un er macht e Gsicht, als wollt er saache: „Do kannscht mol gucke, wie dankbar ich zu der bin. Moi ganz Vermeesche lesch ich der an die Kripp!" – Uff demm Bild sieht mer des Butzelsche mit me Schatzkäschtel voll mit Gold spiele. Awwer der klä Frecker dut bloß so als deet er spiele. Mit soine Aache is der ganz wu annerscht:

Der guckt gar net uff des Gold, nä, demm soin Blick geht ganz dief ins Herz von demm Känisch noi.
Un wann mer e bissel still werd, ganz still, heert mern ganz leis bete:

Noochem Buch Jesus Sirach (Sir 15, 14 – 17)

1 E Lied vum David: Du, moin Herrgott, du weescht, wies in mir drin aussieht, du guckscht in mich noi bis nunner zum kläne Zeh.
2 Du weescht, wann ich sitz un wann ich steh, schun längscht hoscht du vor Aache, was ich vorhab.
3 Ob ich ebbes am Schaffe bin odder e Päusel mach, du siehscht mich; du weescht schun vorher jeden Schritt, wu ich ich im Sinn hab.
4 Des Wort lischt mer noch net uff de Zung, hoscht dus, Herrgott, schun gheert.
5 Vun alle Seite wer ich vun dir gstitzt, du hebscht doi Hand iwwer mich.
6 Ich kanns net fasse, dass du mich so gut kennscht; des is kaum zu glaawe.
7 Wu kann ich hielaafe, dass du mich net findscht, wu soll ich e Versteckel suche, dass du mich net siehscht?
8 Steisch ich nuff in de Himmel – bischt du schun do. Versteckel ich mich drunne bei denne, wu schun längscht gstorwe sin, stehscht du parat.
9 Wann ich in de Himmel nuffflliesche deet, wu die Sunn uffgeht, odder an de Rand vum Meer, wu die Sunn unnergeht,
10 wärscht du schun widder do un deedscht mich an de Hand nemme un nimmie hergewwe.
11 Un wann ich saache deet: „Dunkel solls um mich were, dass mich käns mäh sieht“,
12 wär des umsunscht; weil des Dunkle des is fer dich net dunkel, un die Nacht die is so hell wie de Daach.
13 Du hoscht mich mit Leib un Seel gemacht, alles so schä zammegebosselt im Baichel vun moinere Mudder.
14 Dodefor kann ich bloß Dankschä saache un glab mers, ich sähns an mer selwer: Wu du hielangscht, do bassieren Wunner iwwer Wunner!

Ihr Leit, wann mer sich wie der Känisch do vum Herrgott in soi Herz gucke losst, do gschieht e Wunner! Alles im Lewe losst sich vorm Herrgott in Gold verwannle. Bloß noigucke muss ich en halt losse.

Un wann mer noch dezu ehrlich is un lescht demm Messias die schwere un dicke Stäbrocke, wu em s Lewe schwer machen, an die Kripp, wern ach die noch vor de Aache vum Chrischtkinnel zu Gold. Wer de Herrgott in soi Herz gucke losst, fangt a un macht soi Schatztruh uff - wies do drin blinkert un glitzert!

Frei noochem Erschde Petrusbrief (1 Petr 1, 6 – 7)

6 Ihr känn eich ruhisch fräe, ach wann ehr in eierm Lewe noch so manch ebbes zu erdulde hänn un vum Herrgott uff die Prob gstellt wern.
7 Des is doch bloß, dass ehr sähne känn, ob eiern Glaawe so stark is, dass ehr eich an demm feschthewe känn, hewe känn an demm, was de Herrgott gschenkt un versproche hot. Do wern ehr mol erlewe, dass eiern Glaawe mäner wert is wie Gold, wu mer ins Feier noihebt, bloß um auszubrobiere, obs ach echt is. Un dann, an demm Daach, wu de Jesus mit soinere Herrlichkeit kummt, werd eich de Herrgott belohne, er werd eich lowe un ehre.

4. Sich gewwe losse

Wie e Äffelsche hängt der klä Kerl an soinere Mamme: Hebt sich fescht mit soine Händelscher an de Bruscht vun de Maria.

Un es is als wollt er saache: Ich bin ganz selisch, weil du fer mich do bischt, moi Mudderle! Un vun unne sieht mer, wie die jung Gottesmudder mit ehre Hand des Chrischtkinnel an sich drickt. Un mer kännt mäne, die deet ganz zaad gurre: „Do kumm her, moi Schätzel, ich geb der alles, was ich hab!“

Ihr Leit, demm kläne Jesus gehts grad so wie alle annere Menschekinner: Eedärmlich kummt er als Winnelschisserle uff die Welt, un er kann gar net annerscht wie sich feschtklammere an dere Lieb, wu mer needisch hot fers Lewe. Un wann mer demm Kerlsche in die Ägelscher guckt, sieht mer, dass der Klä sich net bloß feschthebt an soinere Mudder, nä: Mit soine Aache sucht er noch dezu die Näh vun soim Vadder, vum Herrgott. Un es is, als deet er nuff in de Himmel rufe: „Ich glaab als, do kummt noch mäner uff mich zu wie die Gschicht vum Stall, vun Winnle un vum Fudderkrippel. Wann des emol e gutes End nimmt! Loss mich bei denne Aussichte bloß net allä, Vadder!“

Ugfähr verzisch Johr später sitzt de Aposchtel Paulus im Gfängnis. Un widder is do äner, wu nuffguckt in de Himmel. Un er fangt a, soim Herrgott e Lied iwwer de Jesus zu singe, Verselscher, wu schun die allererschde Chrischte gsunge hänn.

Ausem Brief vum Aposchtel Paulus an die Philipper (Kapitel 2, 6 – 11)

6 Er selwer war grad wie de Herrgott, wollt awwer nimmie soi wie de Herrgott.

7 Nä, der hot alles gewwe, alles hinner sich gelosst, wollt were wie en arme Knecht, Mensch war er wore un hot gelebt wie en Mensch.

8 Klä hot er sich gemacht un hot alles uff sich genumme, sogar noch de Dod, soin Dod am Kreiz.

9 Aus demm Grund is dann de Herrgott hiegange un hot en zu sich gholt un hot em Rang un Name gewwe, hot en greeßer gemacht als wie sunscht ebbes,

10 dass die all, wu im Himmel, uff de Erd un unner de Erd sin, vorm Jesus uff die Knie fallen,

11 un die Leit nimmie annerscht känn wie vun Herze saache: „Jesus Chrischtus, des is de Herr!“. Was is des fer e Ehr fer de Herrgott, de Vadder!

Ihr Leit: Do sitzt de Paulus im Gfängnis un singt des Lied vum Chrischtkinnel, wu sich als klänes un schwaches Menschekind in die Ärm vun soim Vadder falle losst. Woihnachte kann kumme, wann mers demm Kind in de Kripp noochmacht grad wie de Paulus: Äfach sich gewwe losse, hoffe un glaawe, dass mer all emol uff em Schoß vum Vadder sitzen.

Frei noochem Johannes-Evangelium (Joh 3, 16 – 17)

16 Gott hot die Welt so arisch gern ghat, dass er hiegange is un hot uns soin alleränzigschde Bu hergewwe. Aus demm Grund wern all die, wu sich uff en verlossen, ewisch lewe un nix geht verlore.
17 Gott hot nämlich soin Sohn net uff die Welt gschickt, dass der hiegeht un all die Leit in de Senkel stellt. Er wollt boß äns: se redde.

5. … vum Vadder

Kinner dirfe mer soi vor unserm Vadder un uns zamme mit demm Nasebohrerle in die Kripp noilesche. Strample, lache, Woihnachte

feire, weil der kläne Redder uns die Lieb vum Vadder gebroocht hot. Midde in unser Menschelewe noi. Woihnachte: E bissel Himmel uff de Erd!

Frei noochem Psalm 57, 8 – 12

8 Moi Herz is bereit, o Gott,
moi Herz is bereit,
ich will dir singe un spiele.
9 Wach uff, moi Seel!
Wachen uff, Harf un Zither,
ich will des Morscherot wecke.
10 Ich will der Dankschä saache vor alle Völker,
ich will der singe vor alle Leit uff dere Welt.
11 Doi Lieb is so groß wie de Himmel weit is,
so weit wie die Wolke ziehen, bischt du treu.
12 Du unsern Herrgott, kumm mit doinere
Herrlichkeit ganz nuff, noch iwwer de Himmel
un nunner, iwwerall hie uff unser Erd.

Ihr liewe Leit! Jetzt nemmens halt mit, des große Woihnachtsglick!

2

Mach halt un kumm!

Vom Gott, der zu den Menschen kommen will

1. Do gehts zu grad wie uff me Bahhof

Was kanns em uff me zuchische Bahhof dann doch warm ums Herz un schwiel im Kopp were, wann mer dort an de Gleise steht un uff soi Schätzel waadt. Fascht platze kännt mer vor Uffreeschung. Un bloß än Wunsch hot mer, wu dann alsfort greeßer un greeßer werd:

„Auf, mach un kumm! Kumm halt endlich, dass ich dich in de Arm nemme, bussle un dricke kann!"

Alle Johr zu de Adventszeit, do kann mer zugucke, wie do so manch äns widder uruhisch werd un afangt, so komische Bahhofsgfiehle zu krische. Un an demm Gleis, wu mers ganze Johr die Leit an de fünf Fingere abzähle kann un wu driwwer steht „Akunft 24. Dezember, nachts um zwölfe", do erlebt mer so korz vor de Woihnachte e Gewusel wie uff em Deisemer Woihnachtsmarkt.

Ihr Leit, uff demm Adventsbahhof do is velleicht e Remmidemmi! Do gibts immer ebbes zu sähne:

Do siehscht Leit, wu vun em Gleis zum annere renne, hie un her scheese, dass mer grad mänt, die wären letz un wisssten nimmie, ob un wer do aus weller Richtung am Kumme is.

Mer erlebt ach Leit, un vun denne gibts ach en ganze Haufe, denne guckts Glick aus de Aache raus. Die stehn do un sin alle Johr widder ganz wild druff, des Kind in de Kripp zu begrieße un demm e Fescht auszurichte. Un wann dann der Daach do is un des Kerlsche in soim Krippestall lischt, kriet des dann als Begrießungsblimmel e geziertes Dannebämel hiegstellt.

Uff demm Adventsbahhof findt mer awwer ach noch e ganz anneri Sort vun Mensche: Die suchen mit wache Aache die Gleise ab, stehen gspannt am Bahsteisch un waaden druff, dass de Herrgott kummt un se mitnimmt uff ehr ledschdi groß̈i Räs. Des sin die, wu en ganze Bersch Gepäck debei hänn: „Mer kann jo nie wisse, wie warm mer sich dehäm beim Herrgott aziehe muss un ob DER em do owwe ach e gutes Begrießungs-Wedder macht."

Un dann gibts do uff demm Bahhof noch e ganz besonneri Rass vun Menschekinner: Leit, wu de annere des schwere Gepäck abnemmen, wu die Deer uffhalten odder de Weesch zu de Gleise zeischen. Die hänns nimmie needisch, alsfort zu waade, dass de Herrgott kummt. Nä, die strahlen iwwer alle Backe, wie wann de Herrgott schun längscht bei ne als Unnermieter oigezoche wär.

Uff unserm Adventsbahhof, do stehen se all un gucken un waaden, ob er kummt. Un der kummt! Er kummt drei Mol! Awwer jedes Mol uff e anneri Art un immer widder ganz annerscht:

- Der kummt an de Woihnachte. Un all hänn ehr Fräd, weil de Herrgott vor iwwer zwädausend Johr soin Bu in die Welt noigschickt hot.
- Der kummt, wanns ledschde Stinnel gschlache hot un wann unser Zeit abgeloffe is.
- Der kummt alleweil un grad ewe. Un wann er do is, dann will er ach, dass mern zu uns kumme lossen.

Der kummt alle Johr uffs Neie, der kummt zu re Zeit, wu käner weeß, der kummt zu mir, zu eich, zu dir, heit, numme, alleweil!

Der kummt glei drei Mol. Un des kann mer ach in de Biwel noochlese. Horchen mol her:

Frei noochem Buch vun de Offenbarung (Offb 1, 4 - 8)

4 De Johannes schreibt an die siwwe Gemeinde in
de Provinz vun Asie:
Ich winsch eich all die Lieb un de Friede vum
Herrgott - vun demm, der wu schun längscht do
is, der wu schun do war un der, wu noch kummt.
5 Des alles winsch ich eich ach all vun Jesus
Chrischtus, demm gute Kerl, wu mit soim ganze
Lewe uns treu gezeischt hot, warum er do is.
Der war de erscht, wu vun denne ganze Dode
zu me neie Lewe gebore wore is, un heit is er de
Allergreegscht vun denne ganze Känische uff de
ganze Welt. Demm, wu uns so lieb hot, demm,
wu soi Blut fer uns vergosse hot, bloß dass er uns
freikaafe hot känne vun unsere Sünne,

6 demm, wu uns all zu Känische gemacht hot un
zu Prieschter, die wu soim Gott un Vadder diene
dirfen:
Demm allä ghert die Ehr un die Macht fer immer
un ewisch! Amen.
7 Gewwen acht, der kummt mit de Wolke! Un alle
Leit weren denn dann mol sähne. Ach die, wu en
hiegerischt un durchbohrt hänn …
8 Un vum Herrgott soll ich eich saache: „Ich bin
des Alpha un des Omega (des bedeit: Ich bin de
Erschde un de Ledschde) – ich bin der, wu schun
längscht do is, der wu schun do war un der, wu
noch kummt, de Herrscher vun de ganze Welt.

2. Sich alle Johr nei fräe

Liewe Leserinne un Leser! Derf ich eich mol ebbes frooche? Sin ehr ach all so gspannt uff des Woihnachtsfescht? Wie e Mickelsche vun re Stroßeladern werd so manch äns agezoche un hiegezoche vun demm Betlehem-Stern, will se alle Johr widder heere, die uralde Verselscher vum Kind im Stall. Des Stickel aus de Biwel is es, wu em ans Gemiet geht, weils e Gschicht is, die wu in unser Lewe noiverzeelt were will. Un dann kanns an de Woihnachte widder bassiere, un des Kind, wu schun vor zwädausend Johr uff die Welt kumme war, strampelt sich äfach so noi in des Lewe vun em selwer.

E Gschicht vun frieher, wu Johr fer Johr noiverzeelt were will. Die gut Noochricht vun demm, wu en Gott fer die Mensche soi will; wu selwer Mensch werd un soi Wärm zu so manch em verkiehlde Menscheherz bringe will. E warmi Sunn bringt er grad denne, wu am Freschtle un Friere sin. Net zu vergesse die, wu mänen, mer kännt grad ganz uhne Lieb soi Lewe lewe. Lieb, Wärm un Menschlichkeit kummen mit Kinnerhändelscher uff die Welt. Un mit de Johre wern aus denne Händelscher, wu er mit grad noch de Hirte zugewunke hot, die gute Händ vun unserm Heiland: Un mit denne langt er de Leit an die Aache: Un wer blind is, kann widder gucke. Mit denne stitzt er die Lahme: Un wers Bä noochschleeft, kann widder laafe. Mit denne strächelt er Leprakranke: Un denne ehr wundes un rohes Fläsch kann häle. Un all die, wu bloß wesche ehre Kranket allä sin, dirfen widder unner die Leit. – Un nooch dere Katastroph am Kreiz streckt er soi durchbohrte Händ weit bis in de Himmel nuff un kann sich hewe an de starke Ärm vun soim Vadder: starke, offene Ärm, wu er mit die ganz Welt umarme un alle Menschekinner an sich dricke un zu sich hole will.

Advent,
zurickdenke an die urald Gschicht,
wu noiverzeelt were will ins Lewe vun em selwer.
Advent,
noihorche in die Gschicht vun demm Kind,
wu vor Johr un Daach kumme war
un am Kumme is fer dich un fer mich.
Advent,
mit dere Geschicht de Herrgott kumme losse,
sich nemme, hewe, uff die Bä stelle losse.

Frei noochem Prophet Jesaja (Jes 42, 1 – 3)

1 De Herr hot gsat: „Der do hots Saache, uff denn kann
ich mich verlosse. Denn hab ich mer ausgeguckt,
der is moi Ä un Alles, demm geb ich moi Kraft,
moin Geischt. Der werd de Känisch vun alle Völker
un guckt, dass es uff de Welt gerecht zugeht.
2 Des is käner vun denne, wu alsfort rumkreischt
un die Leit rumkommandiert un uff de Gass
rumplädiert.
3 E Schilfrohr, wu schun umgeknickt is, roppt er
net ab, en Docht, wu grad noch e bissel am Gliehe
is, blost er net aus. Demm gschunnene Volk
bringt er soi Recht un all känn sähne, dass mer
sich uff de Herrgott verlosse kann.

Jedes Johr feiern die Mensche Advent. Jedes Johr werd der große Wunsch widder wach: Kumm, du kläner, großer Herrgott, kumm, fang nei a, kumm un richt des umgeknickte Schilf widder uff, bring Wärm un Licht, helf, dreescht, bring Fräd!

Advent: Des is kä Märchestunn vor me Lichter-kränzel, weil er schun längscht do war un de Afang gemacht hot mit demm Gradrichte un Uffrichte vun so manch em Schilfrohr.

Advent,
zurickdenke an die urald Gschicht,
wu noiverzeelt were will ins Lewe vun em selwer.
Advent,
noihorche in die Gschicht vun demm Kind,
wu vor Johr un Daach kumme war
un am Kumme is fer dich un fer mich.
Advent,
mit dere Geschicht de Herrgott kumme losse,
sich nemme, hewe, uff die Bä stelle losse.

3. Sich richte, wann er kummt

Wann Fraue schwanger wern, kännt mer als emol mäne, die wären engschdens verwandt mit Veschel. Wie wild fangt so e zukinfdischi Vochelmudder a, ehr Nescht zu baue. Un wanns zu dere Mudder noch en Vochelvadder gibt, siehscht se alle zwä alsfort hie un her fliesche un mit de Schnäwwel wäches Stroh, Feddre un Moos fer die Kinnerstubb beihole. – Ja, wann ebbes Klänes unnerwegs is, do werd gedu un gemacht: E Kinnerbettche werd ausgsucht, die Kinnerschees vun de Nochbern gelehnt un de Kaddong mit de Wämselscher un Strampelhosse vum Speicher runnergeraamt. Die Mannsleit fangen a, de Bensel zu schwinge un dinschern die Stubb vun demm Kläne rosa-hellblaukariert. Un die Fraue lesen anstell vun Krimis un Romane bloß noch Stillbiecher un Illuschtrierte mit lauter schlaue Rotschlääch vun Leit, wu mänen, sie deeden des besser wisse mit dere Kinnerkrischerei. Un wann der große Daach dann näher un näher rickt, werds Kefferle fer der Ernschtfall gericht un newer die Hausdeer gestellt.

Mit re Schwangerschaft werd alles uff än Schlaach annerscht! Des Lewe guckt mer wie durch e neii Brill a, ach wann des klä Feecherle noch im Baichel drin is un noch kä Kreckserle un Biepserle zu heere is.

So ebbes kennt mer net bloß, wann so e junges Lewe sich uff de Weesch macht, soi erschdes Friehlingslüftel zu schnuppre. Mer kennts ach vun Leit, wu uff ehrn

Lewensherbscht zugehen un denne de Dod immer e bissel mäner uff die Pell rickt. Die fangen dann uff ämol widder a, sich zu richte. Weil: Parat zu soi schadt käm ebbes, ach wann sich die Zeit zum Sterwe ruhisch noch e guti Weil in die Läng zieche derf.

Ihr Leit! All sin ehr oigelade, eich mol die Frooch zu stelle: Is alles gericht, wann der Daach kummt un de Herrgott an de Hausdeer klingelt?

Hab ich bei mir selwer, innedrin in moinere Herzensstubb uffgeraamt? War ich ordentlich? Gut zu mer selwer un zu de annere Menschekinner? - Hab ichs ferdischgebroocht un ach als emol denne die Hand hiegstreckt, wu michs ganz Johr gekeidelt hänn? Gibts do noch ebbes gradzubichle, wu ich annere en Krumpler noigemacht hab?

Die Advents-Frooch heeßt: Hab ich moi Lewenskefferle gepackt, wu all des drin is, was ich mit häm zum Herrgott nemme will, wann er kummt? Hab ich ach werklich nix vergesse; vergesse vun demm, was die ganz Zeit moi Lewe froh, farwisch, luschdisch gemacht hot? Derf ach des mit in de Koffer noi, wu ewe ach zu moim Lewe ghert, un wanns ach net so schä war: was em zammegeroppt hot, was em wie Knippel zwische die Bä gschmisse wore is?

Wärs net an die Zeit, mol widder noizugucke in denn Koffer, ob do net doch noch ebbes fehlt? – Adventszeit is die bescht Zeit, nooch demm Kefferle zu gucke. Adventszeit heeßt, sich zu richte. Parat zu soi, wann de Herrgott kummt.

Frei noochem Matthäus-Evangelium (Mt 25, 1 – 13)

1 Wann de Herrgott kummt, weil er soim Werk de ledschde Schliff gewwe un mit soim Känischreich ernscht mache will, dann is des grad so wie in dere Gschicht, wu ich eich jetz verzeel:
Es waren mol zeh Brautjungfre. Die sin vor de Hochzisch mit ehre Lampe nausgange, weil se de Bräutigam begrieße wollten.
2 Fünfe von denne hänn noochgedenkt un hänns rischdisch gemacht, die annere fünfe awwer hänn sich mäh wie bleed dragstellt.

3 Die fünf Dusslische waren so ebbes vun dreigedreht un hänn bloß die mit Eel gfillte Lampe mitgenumme, sunscht nix,
4 awwer die annere fünfe waren uff Droht un hänn sogar noch Eel zum Noochfille mitgenumme.
5 Wie der Owend dann länger un länger wore is un der Bräutigam alsfort net kumme is, sin die all mied wore un oigschloofe.
6 Midde in de Nacht hot mers dann uff ä mol kreische heere: „Alleweil kummt er, de Bräutigam. Alla hopp, machen un gehn em entgesche!"
7 Die zeh Mädle sin uffspritzt un hänn allesamt glei emol ihr Lämpelscher in Ordnung gebroocht.
8 Wie dann die Dranfunsle zu denne annere gsat hänn: „Sin doch so gut un gewwen uns e bissel vun eierm Eel, unser Lampe sin am Ausgehe!",
9 hänn die gscheide Mädle glei redur gewwe: „Wu kummen mir do hie! Wann mer so afangen, dann langts net fer eich un net fer uns. Gehen halt oikaafe un besorchen eich neies!"
10 Un dann hänn die Fünfe nimmie annerscht gekännt wie Eel kaafe gehe.
Awwer ausgerechnet in demm Moment is do dann de Bräutigam kumme. Un die fünf Mädle, wu uffgebasst ghat hänn un parat waren, hänn dann mit em noigedirft zum Hochzischfescht. Un dann hot der die ganze Deere verrischelt.
11 Un wie net lang druff die annere hinnenooch kumme waren, hänn se gekrische: „Herr, Herr, mach uns doch uff!" Awwer de Bräutigam is äfach hiegange, hot se fortgschickt un hot zu ne gsat: „Ihr werns net glaawe, awwer ich kenn eich net!"
13 Ihr Leit, aus demm Grund saach ich eich jetzt all: Bassen uff un richten eich, weil käner vun eich vorher schun de Daach odder die Stunn wäß!

Was soll mer zu so re Adventsgschicht saache? – Mol Hand uffs Herz: Wer vun uns nimmt sich im Advent die Zeit, soi Eelkännel zu fille? Wer guckt un sorcht defor, dass es langt? Dass ach genungg vun demm Eel do is, genungg grad wie die Lieb zum Herrgott, wu jo ach net ausgehe sell, wann er kummt?

Wer gericht is, wann de Bräutigam kummt, der werd dann ach oigelade zu demm große Fescht. Der derf dann ach noi mitsamt seim Kefferle; mit noi in denn große Hochzischsaal. Der derf dann mitfeiere, der derf sich dann grad zu dere himmlische Musikkapell mit denne ganze Engel dezu stelle, zu all denne, wu schun domols iwwerm Krippestall ihr Woihnachtshosianna nausgejuchzt hänn. Der derf mitspiele beim große Engelskonzert, debei soi bei demm große Hochzischfescht, dehäm beim Herrgott, dehäm im Himmel.

Frei noochem Buch der Offenbarung (Offb 21, 1 – 4)

1 Dann hab ich se gsähne, en neie Himmel un e neii Erd. De erschde Himmel un die erscht Erd waren nimmie do, un sogar es Meer war fort.
2 Dann hab ich gsähne, wie die Heilisch Stadt, des neie Jerusalem, vun owwe, vum Herrgott runnerkumme is. Was hot die schä ausgsähne, was war die schä gschmickt, wie e Braut, die uff ehrn Bräutigam waadt.
3 Vum Thron her hab ich dann e starki Stimm gheert: „Alleweil wohnt de Herrgott bei de Mensche! Jetzt bleibt er bei ne un alle ghern se zu em. De Herrgott will all denne ehrn Gott soi un bei ne soi.
4 Der geht dann hi un butzt alle Träne ab. Dann gibts kän Dod mä, käns is traurisch, käns jämert un käns werd geploocht. All des, wu mol war, gibts nimmie, nimmie heit, nimmie morsche un nimmie sunscht wann.

4. Alleweil kummts druff a

Iwwer des End vun dere Welt un vun all demm, was do uff dere Weltkuchel am Wachse un am Rumkroddle is, hot sich schun so en Haufe vun Schlaukepp soi Hern verrenkt. Un bis heit mänen so manche, sie wären gscheider wie annere; mänen, mer kännt mit de Biwel Zahlelotto spiele un ausreschle, in wellem Johr un zu weller Stunn der große Daach kumme kännt; der Daach, wu erscht mol alles ganz annerscht werd wies war.

Ganz verbisse un vor lauter Angscht vor demm ledschde, große End vun de Welt lewen die dann bloß uff denn ausgereschelde Daach hie. Un alsfort sin se dra, mit de Worzelberscht un mit Gallsäf die Seel vun em selwer (un noch schlimmer: ach die vun de annere Leit) sauwer zu schrubbe vor lauter Angscht, de Herrgott deet net kumme wolle, wann die

Menschekinner sich uff dere Erd e bissel dreckisch gemacht hänn. Sogar die Fräd kännt dreckisch soi. Aus demm Grund verbieten se sich selwer un noch dezu ehre Kinner all des, was des Lewe schä macht: Es derf net gfeiert were, es derf net gedanzt were, es derf kän Schnooges, kä Bosse, kä Luscht un kä Lieb gewwe. Am beschde, mer dut so, als wär mer schun halwer im Himmel un deet de ganze Daach fromm soi un bede:

Was bin ich so klä,
moi Herz fromm un schä,
derf niemand drin wohne
wie de Herrgott allä!

Alleweil muss ich eich emol ebbes saache: Wann sich die Sort vun bigotte Biwelmucker un Betschnecke mol net deischt mit ehre Wegduckerei vor dere Welt! Hot net unsern Gott grad an de Woihnachte gezeischt, wie gern er die Welt hot? Der hot uns doch zum Woihnachtsfescht denn Jesus gschenkt, bloß dass der uns mol zeischt, wie des geht mit demm Liebhawwe vun de ganz Welt!

Un aus demm Grund hot er uns e ganz anneres Gebet mitgebroocht: So solle mer bede:

Du unsern Vadder,
heilisch is doin Name,
doi Reich soll kumme,
im Himmel un uff de Erd!
– Ewe net bloß im Himmel, nä, ach uff de Erd!

Ja, soi Reich soll kumme! – Un denn Afang mit soim Känischreich hot er schun gemacht. Kumme is er, der kläne Känisch, runner vum Himmel do uff die Erd. Midde noi in die Weltgschicht hot ers gestellt, soi Känischreich, in unsern gewähnliche Alldaach noi.

Alleweil kummts druff a, dass mer des Reich kumme lossen un demm Känisch e bissel vun soinre Ärwet abnemmen.
Alleweil kummts druff a, dass mer defor sorschen, dass mer in dere Welt ebbes spiere, fiehle kann vun demm Känischreich.
Alleweil kummts druff a, dass mer des Reich kumme lossen, kumme lossen mit unserm Herz un unsre Händ; wachse lossen die Fräd in uns un uff dere Welt!

Frä dich Welt, doin Känisch kummt! Vun dere Fräd schreibt uns ach de Aposchtel Paulus:

Frei noochem Brief an die Philipper (Phil 4, 4 – 7)

4 Auf, machen un heeren nimmie uff, eich alsfort
zu fräe mit dere Fräd, wu vum Herr kummt! Un
noch emol muss ichs sache: Jetzt fräen eich halt!
5 All sollen se sähne, wie astännisch un gut ihr
zunanner sin. De Herrgott kummt ball!
6 Ihr brauchen eich kä Sorsche zu mache! Egal, was
is, ihr känn zu unserm Gott hiekumme un em
verzeele, was ner vun em brauchen. Vergessen
bei all demm net, Dankschä zu saache fer des,
was er eich gschenkt hot!
7 Dann kummt de Friede vum Herrgott un sorscht
defor un basst uff, dass all des, was eich im Herz
un Kopp rumgeht, gut uffghowe is bei Jesus
Chrischtus. Des is en Friede, wo kän Mensch mit
soim Verstand begreife kann.

Advent – ernscht mache mit em Glaawe.
De Herrgott will kumme!
Un jetzt kummts druff a, dass mer ach zu em hie wänn.
Advent – ernscht mache mit soim Glaawe.

Sich an de Bahhof stelle,
am Gleis sich die Bä in de Bauch stelle,
Hämweh hawwe nooch em Herrgott!
Wann kummscht dann endlich zu mer?

3 De Woihnachtsesel un die Eselshaut

1. Die ganz Eselei – e änzischi Blamaasch

Seit em ledsche Eselshautfescht un moiner Begeeschnung mit demm Muschbacher Esel Schorsch hänn se moi Herz erobert: die Esel vun Muschbach. Ich hab denn Schorsch bloß noch bewunnert, wie er zamme mit soim Eselsfihrer Reinhold mit Eselsgeduld de Muschbacher ehr feicht-fröhlichi Woifeschtkrakeelerei hot iwwer sich ergehe losse. – Un so is mer dann ach korz druff der Oifall kumme, denne Muschbacher Esel mol en Besuch abzustatte. An me schäne Summerdaach hab ich mich dann vun Muschbach aus uff de Weesch gemacht direktimo zu de Wäd vun de Muschbacher Eselei. Un kaum bin ich am Ziel akumme, sähn ich zwä vun denne uff de Wiss stehe un Gras muffle: E klänes Eselsfohle zamme mit soine Mudder.

Un wie ich do vor demm Gadder steh un mir aus de Entfernung die Alt mit demm bocksbänische groo-braune Eselskrutze am Agucke bin, fangt des Kläne a zu jämre un zu lamediere: „Die bleede Gäul vun newedra, die oigebilde Lumpeseckel, grad ewe hänn se mich widder drieze un uze misse: Hässlich wär ich mit moine verdrehte Leffelohre, moinere Eselsschnut un moine staksische Bä, dumm wär ich wie Bohnestroh un noch dezu bleeder wie Hornochse." – „Ja, Kind", saacht do die Eselsmudder voller Kummer, "die Uzerei war schun immer des Los vun uns Esel. Du muscht wisse, Sussel (so hot des kläne Eselsmädelche gheeße), schun seit em Afang vun de Weltgschicht war des mit dere ganz Eselsverwandtschaft e änzischi Blamaasch. Schun die alde Grieche hänn uns des Lewe schwer gemacht. Un de Schlimmscht vun denne war de Woigott Dionysos: Hätt der Suffkopp un Luschtmolsch net uff me Gaul uff soi Feschtelscher reide kinne? Nä, en agedudelte, stawische Schnudedunker vun Esel war schuld, dass mer uns so en schlechde Name aghängt hot: In soim Suff hot der sellemols so laut „ii-ah" gekrische, dass die Leit nix besseres gewisst hänn wie dann alle Esel de Uzname „Bakchos" odder „Bromios" (uff pälzisch „Krischer" odder „Radaubruder") zu gewwe. Un im sechsde Johrhunnert vor de Geburt vum Chischtkinnel war dann de Ruf dodal runiert: Do hot uns der berihmde Dichter Äsop mit soine Tier-Fable dann de Rescht gewwe. Verzeelt doch der Buchstaweverdreher ä Gschicht nooch de anner, wu am End immer die

Esel als Simpel dostehe missen: Alsfort is es de Fuchs, de Leeb, die Wildsau odder sogar en schlappohrische Keeder, wu de Held markiert - bloß de Esel is un bleibt widder mol de Hornochs.

Die Fabel vum Esel un vum Hund – vum Äsop uff Pälzisch

Es war mol en Hund, der hot soin Herr so gern ghat, dass er demm mit soine zade Zung hot alsfort die Hand abschlecke un schmuse misse. Un des hot sich ausgezahlt: Der Bauer hot sich iwwer des brave Hundel so gfrät, dass erm dann des foinschde Fudder gewwe hot. Weil der Mann Bauer war, hot er ach noch en Esel ghat, wu anstell vun Lieb un Hawwer bloß Prischel hot oistecke dirfe. Kä Wunner, dass der sich nix anneres wie e besseres Lewe beigsähnt hot. Dodebei hot er sich iwwerlescht: „Wann ich moim Herr ach ebbes Gutes du un hiegeh un en schmächle du, kännts jo soi, dass der wieschde Kerl mol in sich geht un dann fer mich doch noch e gut Wort un e liewi Hand iwwerisch hot. Un der Esel hot noch net rischdisch denn Gedanke ferdischgedenkt, sieht er, wie der Bauer dodmied in soim Sessel hockt un am Oinucke is. Do is doch der Dormel hie, hot sich mit soine Quadratfieß uff denn Bauer druffgstellt un hot demm Kerl mit soim Eselsorgan e Schloofliedel zugeplärrt, dass der vor Schreck dabber aus soim Ohresessel gfalle is. Un es hot net annerscht kumme känne: Der hot demm Dollbohrer vun Esel, wus eischentlich bloß gut gemänt hot, glei widder die Eselsschnut boliert."

Ganz traurisch sähn ich alleweil des kläne Eselsmädel Sussel mit hängende Ohre uff de Wäd stehe un e Brutsch mache un muss dra denke, dass sogar beim Martin Luther, der wu sunscht jo denn äne odder annere gute Oifall ghat hot, die Esel ach net besser wegkumme sin: In soiner Fawel vum Leeb un vum Esel hot jo der Esel bloß desdewesche Känisch were dirfe, weil die annere Viescher sich oigebildt hänn, mit me bleede Labbeduddel als Känisch hätt mer soi Ruh un kännt em uff de Nas rumdanze. Awwer wer en Esel zum Känisch macht, mänt de Luther, is selwer en Esel. Un bei so re schlechte Mänung iwwer die Esel muss mer sich net wunnere, dass so en Esel bei de Reformatore hot herhalde misse fer de Papscht in Rom. Zamme mit soim Freund Melanchthon hot der Luther in Wittebersch des Bild vum „Papschtesel" verdeele losse. Futtdeiwel, war des e wieschdes Bild, dass sogar en Esel hot Esels-Gänsehaut krische misse:

E Fischur mit Eselskopp mit dickem Ranze, Brischt vun re Fraa, voll mit Schuppe vun me Fisch un hinne am Berzel en Riewekopp vun me alte Mann. Mit demm Bild wollten die zwä Kärsche-Revoluzzer prodeschtiere un saache: Mit so me Esel losst sich halt net werklich en Staat mache!

Ihr liewe Leit! Mer kännt mäne, de Heilische Vadder vun Rom, de Franziskus, hätt sich des mit demm Papschtesel schun ordentlich zu Herze genumme! Äfach un bescheide stellt er sich vor die Leit un preddischt vun de Lieb, wu greeßer is wies Gsetz, preddischt vun re Kärch,wu zuallererscht do soi will fer die Arme, die Kläne un Kranke. E Kärsch, wu sich nunnerbickt zu de Verreckling un arme Deiwel. Was fer e Blamaasch fer so manchen Kärscheferscht! Wann der Franziskus do mol net uffbasse muss, dass er net vun demm äne odder annere Kardinal odder Prälat zum Owwer-Esel ausgerufe werd.

Un do kummt mer der Gedanke: Kännts net soi, dass so manch äns grad wie de Franziskus zum Esel erklärt werd, weil annere es net wohr hawwe wänn, dass unsern Herrgott fer die arme Deiwel uff dere Welt im Stall gebore un ans Kreiz gschlache wore ist?

Frei noochem Erschde Brief vum Aposchtel Paulus an die Korinther (1 Kor 1,18 - 25)

18 Die Noochricht, wu verzeelt, dass de Herrgott
am Kreiz fer alle Leit die Reddung gebroocht

hot, muss denne, wu des net glaawe wänn,
wie Bleedsinn vorkumme. Mir awwer, wu des
glaawen, mir spieren in derer Noochricht die
Lieb vum Herrgott.
22 Die Jude wollen vum Herrgott Beweise sähne,
die Grieche wollen mit ehrm Hernkaschte erscht
emol alles kapiere, bis dass se glaawe känn.
23 Mir awwer gehen hie un verzeelen de Welt vun
unserm Redder, wu ans Kreiz gschlache wore
is. Fer die Jude is des Gottesläschderung, fer die
Grieche bloß dumm Gebabbel.
25 Un so manch äns bildt sich oi, de Herrgott wär en
Simbel, awwer der is gscheiter wie mir Mensche
all zamme. Un so manch äns dut mäne, de
Herrgott wär schwach – awwer der is stärker wie
mir all zamme.

2. Neigierische Esel sin gute Lehrmäschder

Noch bin ich ganz am Simeliere, do heer ich uff de Eselswiss die Marie, die Eselsmudder, ihr Klänes mit gute Worte dreeschde: „Kind, mir Esel hänn ach schun bessere Daache gsähne! Denk doch mol an denn Goldesel in demm Märche vun de Brieder Grimm: Was hot der am End denne drei Buwe un demm alde Vadder mit soine Goldknoddle Glick un Fräd gebroocht! Un stell der vor, bei de Bremer Stadtmusikante is es ausgerechnet en Esel, wu sich uff soi alde Daache noch emol uff die Such nooch soim Lewensglick macht. Der zieht noch emol los, werd en berihmde Musiker un zeischt dodemit de Leit, dass es sich bis ins hohe Alder rendiert, neigierisch zu bleiwe un nooch em Sinn zu suche.

„Susselsche", heer ich die alt Marie saache, „mir Esel sin gute Lehrmäschder, weil mer zeischen, dass es garnet so verkehrt is, wann mer im Lewe neigierisch bleibt, wann mer guckt un froocht, wann mer net mied werd un sich uff die Such macht noochem diefere Sinn vum Lewe.

Alleweil fallt mer do die Gschicht vom Zöllner Zachäus oi: Des war ach äner vun denne, wu wie die Esel am Gucke un Suche war:

Frei noochem Lukas-Evangelium (Lk 19, 1 - 10)

1 Es war mol vorkumme, do war de Jesus uff Jericho kumme un durch die Stadt gezoche.

2 In demm Jericho hot en Mann gewohnt, der hot Zachäus ghäße. Er war de owwerscht Zolloitreiwer in de Stadt un hot Geld ghat wie Hei. En Sack voll Zaschder, wu er de Leit vorher aus de Rippe gepresst ghat hot.

3 Weil er neigierisch war, wollt er unbedingt sähne, was fer äner des is, wu do kummt. Awwer weil er en korzgewachsene Stumpe war, hot er hinner me Haufe vun Leit stehe misse un hot nix gsähne.

4 Weil er gewisst hot, welli Gass der Jesus nemme muss, un weil er de Jesus ubedingt hot sähne welle, is er vornenaus geloffe un is uff en Baam gekrawwelt.

5 Wie der Jesus dann do hiekumme war un in denn Baam noigeguckt hot, hot ern in de Äscht hocke sähne un hot zuem gsat: „Zachäus, mach un kumm schnell runner! Wannd mich oilade deedscht, deet ich des Agebod ger anemme!"

6 Der Zachäus is dabber vum Baam gekroddelt un hot voll Fräd de Jesus zu sich häm gebroocht.

7 Was do dann los war: Do hänn die Leit all bloß noch groß geguckt un mer hot se rumbäbbre heere: „Ausgereschent bei so enneme, wu Dreck am Stecke hot, kehrt der oi, wu gibtsen so ebbes!"

8 Do hot de Zachäus zum Jesus gsat: „Du, ich versprech der, dass ich die Hälft vun demm, was ich hab, de Arme geb. Un wanns vorkumme is, dass ich de Leit zu viel abgeknebbt hab, geb ichs denne glei viermol zurick."

9 Dodruff hot der gsat: „Ab heit schenk ich dir, doinere Fraa, doine Kinner un wer sunscht noch zu der ghert, moi ganzi Lieb. Du bischt un bleibscht en Bu vum Abraham, un du gherscht äfach dezu.

10 Ich, de Menschesohn, bin nämlich kumme, die zu suche un die zu redde, wu verlore gange sin."

Do kann mer mol sähne: De Herrgott schenkt denne soi Herz, wu uff die Bäm krawwlen un neigierisch wie die Esel soi Näh suchen. Un? Sin er alleweil ach e bissel neigierisch wore?

3. Stur odder schlau, der Grookopp?

E verrickdi Eselsgschicht vun me sturkeppische Esel findt mer im Alte Teschtament:

Frei noochverzeelt noochem Buch Numeri (Num 22, 21 – 35)

Es war mol en Prophet, der hot Bileam gheße. Der hot de Ufftraach vun soim Känisch ghat, mit Zauwerworte die Israelite so zammezufluche, dass die dann vor Angscht die Schlappe verlieren un vun ehrm Plan ablossen, iwwer die Grenz bei de Moabiter oizufalle. Aus demm Grund hot sich der Bileam zamme mit soiner Eselin uff de Weesch gemacht, die Uffgab zu erfille. Mer kann sich vorstelle, dass des demm Herrgott garnet gfalle hot.

Glei druff hot de Herrgott äner vun soine Engel kumme losse un hot demm gflischelte Himmelswächter de Ufftraach gewwe, uff die Erd nunnerzufliesche un sich demm Bileam in de Weesch zu stelle. Wie sich der Engel dann mit gezochenem Schwert bräd vor demm Esel uffgstellt ghat hot, is der glei mol newe in en Acker noighuppst. Un weil der Bileam denn Engel jo net hot sähne känne, is der nadierlich fuxisch wore un hot denn Esel in soine Raasch uff de Weesch zurückgeprischelt. Do hot der Bileam awwer die Rechnung uhne denn Engel gemacht ghat: Der is nämlich vornenaus un hot sich in e schmales Pädel gstellt. Die Eselin hot sich net annerscht zu helfe gewisst wie sich eng an die Mauer drazudricke, so dass der Bileam sich soi Fieß oigequetscht ghat hot. Ach Gott hot der gezedert. Un glei widder hot des Eselche bieße misse. Zu guter Ledscht is demm Engel en gute Oifall kumme: „Alleweil such ich mer e Stell, wu der Seckel nimmie auswitsche kann.“ Un wann ach der Bileam die ganz Zeit so wiescht war, hot em die gut Eselin e driddes Mol beigstanne, is in die Knie un hot sich, um denn Prophet zu redde, so uff de Borm gschmisse, dass der Bileam hot runnerborzle misse. Awwer der war alsfort noch wie hernvernachelt un hot wie de Deiwel mit me Prischel demm arme Viechel soi Eselshaut verdengelt.

Awwer dann ist die Stunn kumme, wu de Herrgott dere Esels-Ploocherei hot nimmie zugucke känne: Do is er hie un hot demm Bileam die Aache uffgepetzt un die Ohre uffgemacht, dass der net bloß de Engel hot sähne känne, nä er hot en sogar babble heere: „Warum hoscht du denn gute Esel glei drei Mol so zurischde misse, bloß weil du Hohlkopp dich vun mir net hoscht uff de rechde Weesch bringe losse? Drei Mol hot des Vieh dir gholfe! Du kannscht froh soi, dass du noch am Lewe bischt." – Do war der Bileam bloß noch dogstanne, hot sich in de Bodde noi gschemmt un gsat: „Ich sähns jo oi, dass dir moin Weesch net gfallt. Ich mach mich uff un geh widder häm." – Dodruff hot der Engel gsat: „Alla gut, mach un geh! Un du allweil bloß noch des, was ich dir saach."

Ihr liewe Leit! Hot sich doch der Bileam oigebildt, er kännt mit soim Zauwer des Volk Israel so zammefluche, dass des dann vor Angscht redur uff Ägypte flichte muss! Awwer do hot em de Herrgott mol de Marsch geblose: „Wu kummen mir do dann hie? Deet doch der Bileam moin schäne göttliche Plan verhunze, un die Israelite missten sich meeschlicherweis bis zum heidische Daach in Ägypte an de Pyramide de Buckel krumm un bucklisch schaffe un kännten bis heit net häm in ehr gelobtes Land!"

Bei dere Gschicht sieht mer mol, was bassiert, wann sich Leit vergaloppierern. Wann se sich verrennen un net merken, dass der Weesch immer enger werd. Bloß gut, dass es do en sturkeppische Esel gibt. En Esel, wu schlauer is wie die Mensche. En sturkeppische Esel, wu uns Menschekinner zeischt, dass es im Lewe manchmol besser is, en annere Weesch zu gehe. Wer vun uns hot sich net schun mit soine Plän verrennt un steht uff ämol vor me Hinnernis un mänt, er misst mit em Kopp durch die Wand un alsfort weiterlaafe? Wer kennten so e Sackgass net? Fer die äne heeßt se dann „Ehekriesch" odder „Zores mit em Nochber", fer die annere heeßen se „bloß net soi Gsicht verliere", „als immer heecher nuff" odder „Hauptsach, en dicke Geldbeidel" ...

Was war des sturkeppische Eselche en Seeche fer denn Bileam, bloß weil des schlau war un bloß Ohre fer denn Engel vum Herrgott ghat hot. – Was fer e klori Gschicht fer die Muschbacher un all die annere Mensche im Advent: Mer lernt vun me sturkeppische Esel, dass es gscheiter is, sich vum Herrgott de rechde Weesch weise zu losse! Wer des net wohrhawwe will, is un bleibt en Esel!

4. Vum Krippeesel zum Palmesel

Iwwerglicklich steht des Eselsfohle Sussel uff die Wäd un wackelt voll Glick mit soim Schwänzel, weils immer noch an denn gar net so bleede Querkopp vun Esel hot denke misse, wu demm Prophet Bileam aus soiner Sackgass hot raushelfe känne. Un fascht e bissel zu iwwermiedisch hebts soi Eselsnäsel stolz in die Luft un ii-aht ganz agewwerisch soinere Mudder zu: „Gell Mamme, die Mensche kännen bloß froh soi, dass es uns Esel gibt. Uhne uns wären die bis zum heidische Daach ufromme Heidekinner!"

„Sussel, iwwertreib mol net", gibt die Eselsmamme redur, „awwer e klä bissel Recht gewwe muss ich der jo schun! Denk mol an de Prophet Jesaja: Was hot der schelde misse, bloß weil die Israelite mol widder druff un dra waren, ehrn Herrgott im Stich zu losse un nimmie an en glaawe wollten. Un wer hot mol widder als Vorbild herhalde misse? Nadierlich mir Esel!"

Frei noochem Prophet Jesaja (Jes 1, 2 – 3)

2 Heern zu, ihr Himmel, un du Erd, sperrr die Ohre uff, was de Herrgott zu eich saacht: „Was hab ich mer fer e Mieh gewwe, hab moi Kinner großgezoche, bis ebbes aus ne wore war. Un jetzt, wu se groß sin: Fort sin se, äfach ab un devu!
3 Do is sogar en Ochs mäner wert, wu wäß, wer soin Bauer is, un ach en Esel is mäner wert, wu wäß, wu die Kripp mit em Fudder vum Bauer is. Awwer Israel will äfach net wohrhawwe, wus hieghert; moi Volk is äfach hernvernachelt."

Wie ich denne zwä Muschbacher Esel so am Zuheere bin, kummt mer en Gedanke: Is des net en klore Oifall vum Herrgott, dass Ochse un Esel de Leit beibringe sellen, wie des geht mit demm Glaawe? Un die zeischens uns: Äfach unserm Gott, unserm

Vadder dankbar soi, immer widder zu em häm kumme, die Ohre uffsperre un uff soin Rot heere. – Des hänn se uns vorgemacht. Un aus demm Grund dirfen se jo bis heit in käner Woihnachtskripp fehle. Un so sieht mer im Krippestall de Ochs lische un demm nackische Chrischtkinnel e bissel Wärm unner die Winnle blose, un newedra de Esel, denn gute Kerl, wu die Maria erscht emol bis uff Betlehem getraache hot. Un des is sicher kän Zufall, dass der dann ball druff defor sorsche muss, dass der kläne Heiland mit soine Mudder un soim Vadder schnell uff Ägypte räse kann. Un noch wennischer werd des en Zufall soi, ihr liewe Leit, dass sich de Herrgott dreißisch Johr späder grad widder en Esel ausguckt, wu soin Bu als Friedenskänisch nooch Jerusalem noitraache soll.

Frei noochem Matthäus-Evangelium (Mt 21, 1 – 11)

1 Wie de Jesus mit soine Jinger korz vor Jerusalem in de Näh vum Eelbersch zu demm Derfel Betfage kumme war, hot er zwä vun denne

2 fortgschickt un gsat: „Gehen niwwer in des Dorf! Glei am Ortsoigang finnen er e Eselin un ehr Junges. Binnen die zwä los un bringen se zu mer her!

3 Un wann äns kummt un bebbert, dann gewwen die Antwort: ‚De Herr kann die zwä grad gut brauche!' – Dann wern se eich die Viecher schun gewwe."

4 Un dann wern ehr sähne: Es kummt alles so, wies schun domols de Prophet Sacharja geweiselt ghat hot:

5 „Saachen de Stadt Zion, alleweil kummt doin Känisch zu der! Er kummt ganz friedlich un uhne Gewalt. Er kummt geridde uff me Esel, uff me junge Eselshengscht, me Junge vun me Lascht-esel."

6 Die zwä Jinger sin hie un hänn gemacht, was de Jesus uffgetraache ghat hot.

7 Die hänn die Eselin zamme mit dere ehrm Junge gebroocht un hänn Kläder iwwer se driwwer ghängt.

8 En ganze Haufe vun Leit is hiegange un hot Kläder als Deppisch uff die Strooß gelescht, annere sin hie un hänn an de Bäm Zweige gschnidde un hänn se uff de Weesch gelescht.

9 Un en Haufe vun Leit sin vorem un hinnerm hergeloffe un all hänn gerufe: "Was bischt du fer en Kerl, du Sohn vum Känisch David. Friede un Glick fer denn, wu im Ufftraach vum Herrgott zu

uns kummt! Auf, machen un lowen de Herrgott bis in de Himmel nuff!"

Vun Afang a sorscht en Esel dodefor, dass der Woihnachtsfriede in die Welt getraache were kann: vun Paläschtina nooch Ägypte, vun Ägypte nooch ganz Israel, uff Jerusalem un vun dort in die ganz Welt. Wer hätt des gedenkt: En Esel als de allererscht Aposchtel! Un wann ich mer heit so unser ufriedlich Welt aguck, saach ich mer: Was wär des fer en Seesche, wanns bloß noch Esel uff dere Welt gewwe deet.

5. Vun fromme Esel

Als noch guck ich denne Esle zu un sähn, wie die klä Sussel do steht, de Kopp hängke un die lange Ohre runnerbamble losst. Un ich heer se zu ehre Mudder saache: Was wär des fer e Sach, wann ich net alsfort Johr fer Johr uff dere Wäd an de Haßlocher Stroß rumstehe un so e lebsches Esels-Lewe lewe misst! Was wär ich gern berihmt wore wie de Palmesel vun Jerusalem! Wann ich wennigschtens hätt Kinschtler wie de Stadtmusikant vun Breme were känne odder sogar noch besser Eselartischt wie der im Märche vun de Brieder Grimm, wus ferdisch gebroocht hot, Golddaler wie Knoddle falle zu losse!" – Do schleckt die Eselsmudder dere Klä ganz zaad iwwer des Eselsgöschel, un ich heer ses dreeschde: „Ich saach der mol ebbes: Du kannscht stolz soi, dass du äner vun uns Muschbacher Esel bischt! Uhne uns deeten die Pälzer bis heit noch uffem Druckene hocke un missten als noch denn sieße Met aus Wasser un Honisch siffle odder noch schlimmer aus Bembel die Essischbrieh aus saure Äppel wie unsere Nochber do owwe ausem Hessische. Kaum hot ums Johr Zwähunnertsechsesiebzisch der Kaiser Probus vun Rom soine Soldate erlaubt, in de Palz Woi azuplanze, warens unser Verwandte, die Kinneskinner vum fromme Palmesel, wu net bloß die Rebsteck, nä sogar noch dezu die Gut Noochricht vum Chrischtkinnel vun do unne in Paläschtina bis in die Palz getraache hänn. Moi liewes Kind, horch zu un stell doi Eselohre uff: All die Schlaukepp vun Theolooche hänn sich gschnerrt! Die erschde Missionare vun de Palz waren net de Bonifatius un noch wennischer de Pirmin vun Hornbach: Nä, des waren die Esel!

Die hänn gspiert, wers am meischte needisch hot un hänn de Muschbacher heegschtperseenlich die Gut Noochricht vum Herrgott gebroocht, die Noochricht vun me Herrgott, wu all die Leit in de Palz un sogar noch die Grenznochber ausem Saarland in de Arm nemme un ans Herz dricke will."

Alleweil geht mer e Licht uff! Weil se de Woi un de chrischtliche Glaawe gebroocht hänn, hot mer seitdemm die fromme Esel vun Muschbach in Ehre ghalte. Un desdeweesche hänn se zwische Muschbach un Kinschbach uff re Wäd mit em Name „Eselshut" odder „Eselshaut" ehr Gras muffle dirfe." Ihr liewe Leit, do hättener mol des iwwerglickliche Eselsgsicht vun dere kläne Sussel sähne misse. Un ich hab se saache heere: „Mamme, alleweil wäß ich, was moi Uffgab is: Grad so wie moin Esels-Urgroßvadder in de Woihnachtskripp uffgebasst hot, dass aus demm kläne Winnelschisserle hot en ordentliche Messias werre känne, so will ich heit uffbasse, dass die Pälzer noch e bissel frommer wern un bei de Eselshaut net bloß ans Schoppepetze denken. So wie de Esel im Stall vun Betlehem geguckt hot, dass die Lieb vum Herrgott hot groß were känne un sich hot bräd mache känne in de Weltgschicht, so will ich Eselche mich mit moim Woifässel an de Ortsoigang vun Muschbach stelle. Alle Leit sollen wisse: Uff Muschbach hänn mir Esel de Herrgott getraache. Wer uff Muschbach un an die Woistroß kummt, soll wisse: Dort derf mer hiekumme, do is kä Deer un Dor un kä Herz verrischelt. Do soll Friede soi fer all die Menschekinner! Dort is Woihnachte!"
Ihr liewe Leit! Was bin ich froh, dass ich denne Esel vun Muschbach begeeschent bin! Un mir kummts grad vor, als hätt sich sogar de Aposchtel Paulus ebbes vun denne Esel abgeguckt:

Frei noochem Brief vum Aposchtel Paulus an die Epheser (Eph 2, 14 – 19)

14 De Chrischtus is der, wu de Friede gebroocht hot un die Jude zamme mit annere Mensche zu me änzische Volk zammegebunne hot. Der hot die Mauer oigerisse, die Mauer, wu schuld war, dass mer sich getrennt hot un Hännel ghat hot.
15 Mit soim Sterwe hot er die strenge Vorschrifte abgschafft. Uff die Art hot er en neie Friede gebroocht. All die Menschekinner, wu vorher

getrennt waren, die hot er allminanner zamme-
gholt un en änzische neie Mensch draus gemacht.
16 Mit soim Dod am Kreiz hot er defor gsorcht, dass
die sich all zammegfunne hänn wie die Hand
zum Arm odder de Kopp zum Hals, schä sortiert
zu me ganze Läb. Er selwer hot defor gsorcht,
dass Zores un Hännel hänn sterwe misse.
17 Der is kumme un is net mied wore, vum Friede
zu verzeele un de Friede zu bringe: zu eich, wu
ewe noch weit weg waren vum Herrgott, un zu
denne, wu schun ganz noh bei em waren:
18 Durch die Hilf vum Herrgott dirfen alle zamme,
die Jude un die, wu kä Jude sin, in die Näh
vum Herrgott, zum Vadder kumme, äfach bloß
desdeweesche, weil se sich änisch sin.
19 Ab demm Daach sin ihr Menschekinner all
zamme uff dere Welt nimmie bloß Fremde odder
Gäscht. Ihr alle hänns Recht als Oiwohner im
Himmel, in de Näh vum Herrgott zamme mit
de Engel. Ihr all dirfen dehäm soi im Haus vum
Herrgott.

Ihr liewe Muschbacher: Wärs net an de Zeit, e bissel zu lerne? Vum Paulus un vun de Esel?
Ich, ehr un all die, wu Streit un Hännel hänn,
ich, ehr un all die, wu als Chrischte noch enger zammericke kännten,
ich, ehr un all die, wu aus Angscht odder Hass die Menschekinner an Maure un Grenzzäun stehe lossen,
Ich, ehr un all die, wu mänen, Esel wären bloß Esel!
Im Name vun de Muschbacher Esel winsch ich eich e friedliches Woihnachtsfescht!

Vun Hirte un Schäfelscher

Textübertragungen aus der Weihnachtsgeschichte von Felix Timmermans

4

1. Hirte, wu Aache hänn fer die Stern

Aus de Woihnachtsgschicht vun Felix Timmermans, iwwertraache ins Pälzische:

Wie alles am Schloofe un die ganz Welt bloß noch nachtdunkel un still war, un wie bloß noch die Stern am Blinkere waren, hoch un hell iwwer der verschneite Erd, do warn arme Hirte owwe uff re Aheeh am knischternde Feier gsesse un hänn ehr Schofsherd ghied. Die viele Schäfelscher waren ruhisch un wesche de Kält ganz zammegerollt unner me oigfallene Strohdach gelesche, der ganze Stall nooch alle Seide uff, so dass durch alle Lescher des Helle vun de Nacht hot schoine känne …

Ganz dusmond un demiedisch warn die Hirte um de Bienus gstanne, denn Hirt, wu se agfiehrt hot un ne Rotschlääch gewwe hot. Soi Stimm war Gsetz; der war gscheit un hot Biecher lese känne un hot alle Geheimnisse gewisst, wu mer hot wisse känne iwwer die Schäfelscher un iwwer die Biene; un en ganze Haufe vun Zauwerer ausem Umland, wu hot fer soin Zauwer Viescher wie „denn schwarze Rawevochel" bemiehe misse, war neidisch, weil der mäner gekännt hot wie die. Bloß weil er soi Kraft sich hot schenke losse aus de Worte vum Herrgott un vun de Engel. Un es war, als wollt do in dere ganze Ruh e änzischi, großi Frooch zu em hie. Un wie der noch debei ist, mit soinere derre, gele Hand sich iwwer denn fitzlische Stoppelbart zu strächle, heert mern ganz bedäschdisch saache: „Der Stern schoint alleweil zum zwädde Mol; der kummt un will uns ebbes verzeele. Ich glab als, do krien mir allesamt heit noch ebbes zu heere."

So ebbes! Mit Hirte hot des alles agfange mit demm Woihnachtsfescht! - Außer de Maria mit ehrm Josef sins grad die Hirte, wu zuallererscht ebbes mitkrischen vun dere Geburt vum Chrischtkinnel. Mit Hirte uff em Feld geht die gut Noochricht naus in die Welt. Un so sin alsfort die Schäfeluffbasser die Helde in re ellelange Reih vun Woihnachtsgschichtelscher un Liedelscher wie demm do:

In de Midd vun de Nacht
Sin die Hirte uffgewacht,
un was hot mer gheert singe
un Gloria klinge
die ganz Engelsschar,
ja, ja
weil gebore Gott war.

Un die Hirte im Feld
hänn verlosse ihr Zelt,
sin gerennt wie die Dolle
weil se all bloß noch wolle
zu demm Krippelsche hie,
ja hie,
mit de Schof un em Vieh.

Un schnell wie de Wind
Hänn se gfunne des Kind,
wolltens herzlich begrieße,
bissel dricke un kisse,
un ach strächle ganz sacht,
ganz sacht
in de allerselb Nacht.

Des is schun komisch, dass sich de Herrgott als widder Hirte ausguckt, wann er de Welt ebbes zu saache hot. Ausgereschent die arme Seckel, wu fer en Klicker un en Knopp uff die Viecher vun de reiche Leit uffbasse missen un dodebei noch ganz schä ehr Schaff hänn mit demm schofsbockische Viechzeisch! Denken mol an denn Mose: Grad wie der dra war, fer soin Schwichervadder Jitro die Schof un Gäse durch die derr un ausgedrickelt Geeschend zu treiwe, hot em de Herrgott wie Feier aus re Dorneheck entgesche gelodert. Un e paar hunnert Johr späder dut de Prophet Samuel des Hirtebiewel David rausdeite, bloß dass der klä Stumpe dann Känisch vun Israel were kann. Un des, obwohl mer in de Biwel noochlese kann, was fer en Freckling der Psalmesänger in soine Juchend war!

Kännts net soi, dass unsern Gott sich grad die Struwwlische un Babbische, die Armselische un Eedermliche aussucht, weil die Kläne die greeßere Ohre hänn un viel besser die Stimm vum Herrgott vum Himmel runner heere känn? Kännts net soi, dass die Kläne die greeßere Aache hänn un aus demm Grund die göttlich Feiersäul un Wolk am End vum Himmel viel deitlicher sähne känn un noch dezu de Woihnachtstern am Himmel iwwerm Stall vun Betlehem?

Do steht er, der Hirt Bienus. Der alde Mann mit soine weiße Stopple un grooe Zottle guckt in de Himmel nuff un sucht de Stern. Wärs meeschlich, dass es demm geht wie in friehere Zeide demm Mose, der wie en Hirt des Volk Israel durch die wiescht Wiescht hot fiehre misse.

Was kännt mer sich bei so re Hirteuffgab mäner winsche wie en Herrgott, wu äfach do is, wann mern braucht? Was kännt mer sich mäner beisähne wie en Herrgott, wu em soi Gsicht zeischt un mer soi Näh spiert?

Frei noochem Buch Exodus (Ex 33, 12 – 23)

12 De Mose hot zum Herrgott gsat: „Du hoscht mer de Ufftraach gewwe „Sei so gut un fiehr des Volk häm in soi Land!“, awwer du hoscht mer net verrode, wer mir bei dere Uffgab helfe soll! Dodebei hoscht du mer in die Hand noi versproche, dass dus mit mer gut mäne deetscht un dass ich zu doine beschde Freunde gheere deet.

13 Wannd des alleweil ernscht gemänt hoscht, dann sags noch mol ganz laut un verrot mer, wasd im Sinn hoscht. Un vergess bloß net, dass die ganze Leit doi Volk sin!“

14 Dodruff hot de Herr gsat: „Reesch dich ab, ich bin jo schun debei, dich mit moim Gsicht azustrahle un do kannscht du glei moi Näh spiere!“

…

18 Do hot de Mose zum Herrgott gsat: „Ich hab ä Bitt: Loss mich doch wennigschdens ä Mol gucke, wie Du aus doim herrlisch-glänzische Gsicht rausstrahle duuscht!“

19 Do hot der zuem gsat: „Ich kumm zu der in moine ganze Pracht un zeig mich e ganz klä bissel, un dann werscht du aus moim Mund moin Name ‚Herrgott‘ heere …

20 Bloß moi Gsicht derfscht net sähne, des iwwerlebt käns.“

2. Scheel un daab, die Kerl!

Soll ich eich mol ebbes saache?“, zedert do e klänes Männel, so alt wie en Stäbock, durch soin gele Bart. „Betlehem is e schlechdi Stadt, e Stadt, reif fer die Sintflut; voll vun beese Weiwer, Suffkepp, Spitzbuwe un Bankert. Dort steht kaum noch än Stä uffem annere un vun Johr zu Johr wachsen dort wennischer Blädder uff de Bäm…

Dass Betlehem e verfluchdi Stadt is, des steht schun in alde Biecher gschriwwe. Mir missen uns uffs Schlimmschte gfasst mache!“
„Ich heer Musik“, bischbert de Dicksack.
„Des ist doch bloß der Blinde“, saacht der Bucklische, der wu schun immer vun Nadur aus streitsischdisch is.
„Nä, der Blinde is des net, – der Blinde is des schun ach, awwer do is außerdem noch äns debei, wu Musik macht vun owwe runner, vun hoch drowwe in de Luft“, gibt em do der Dickbauchisch redur.
„Gucken, dass der Blinde Ruh gibt!“, bebbert dodruff de Greescht, en Brocke vun Mannskerl.

Mer kann in die Welt gucke un s Gute suche un dodebei schun wisse, dass mer dort garnix sähne will. Vun dere spezielle Sort is des alde Männel, wu sich bloß noch als fort am Feerschde is. Mit soim Angschthasegsicht un soine Geesegischter-Aache blinselt er in die Welt naus: Fer so en Hosseschisser kann un derf in demm kläne Betlehem zum Verrecke kä Chrischtkinnel gebore were! Un net viel besser is der streitsischdisch Bucklisch, wu vor lauder Hännelei so mit sich selwer verworschdelt is, dass er denn helle Schoi am Himmel garnet sähne will. Uns Schlimmschde is, dass der, wu die himmlisch Engelsmusik schun am Heere is un mit soim Instrument e bissel mitspiele will, ach noch soi Gefiedel verbode krische sell.

Ihre liewe Leit, was sin des fer Hirte! Un vun dere Sort gibts ach heit noch en ganze Stall voll! Bei uns dehäm, in de Polidik un sogar in de Kärsch.
Hirte, wu net glaawe känn, dass de Herrgott iwwer jedem Menschelewe soin Stern uffgehe losse will un jeden an die Kripp vun Betlehem fiehre will.
Hirte, wu als Ehefraue un Ehemänner, wu als Müdder un Vädder, wu als Minischder, wu als Parre odder Bischöf vergessen, dass es bloß än Owerhirt gibt: de Herrgott.

Moin Gott, was sin des fer Hirte! Hirte, wu mänen, sie missten ehr Schäfelscher alsfort fer bleed, fer lahm, bocksbänisch un fer uwillisch hiestelle, bis dass die arme Schäfeler dann ach selwer dra glaawen un die Angscht denne bis unner die Woll krawwelt. Dodebei waaden die Viescher doch bloß, dass die Hirte endlich mol ehr Ärwet ordentlich machen un iwwerleschen, was denne Schäfelscher alleweil gutdue deet: Giedisch uff die Schäfelscher gucke, se fiedre un hiede un fescht dra glaawe, dass der Stern iwwer jedem Menschekind blinkert. Do brauchts em net zu wunnere, wann die Schäfelscher bei dere Sort vun Hirte devu laafen! Do gehts uns all net annerscht wie schun denne Jude in Bablyon, wu sich hänn ärschere misse iwwer ehr nixnutzische Hirte un wu wie verlossene Schäfelscher gewadt hänn, dass endlich mol en gscheide Hirt vorbeikumme deet.

Frei noochem Prophet Ezechiel (Ez 34, 1 - 24)

1 De Herr hot mer ans Herz gelescht un zu mer gsat:
2 „Du Menschekind, saach mol denne ganze
Männer, wu in Isreal ebbes zu melde hänn, dass
ball e Strofgericht iwwer se kumme dut. Un saach
zu ne:
De Herrgott, de allmäschdisch, saacht: „Eich
werds Lache glei vergehe! Ihr sin die Hirte vun
moim Volk; awwer anstell nooch de Herd zu
gucke, hänn ehr bloß an eich selwer gedenkt.
3 Die Milch vun de Schofe hänn ehr weggsoffe,
aus de Woll hänn ehr eich Kläder genäht un die
beschde Viecher hänn ehr gschlacht. Awwer dass
mol äner defor gsorscht hätt, dass fer die all mol
e schä Plätzel mitre gute Wäd do wär, des hoscht
vergesse känne.
4 Un war äns vun denne Dierscher arm dra, hänn
ehr net gholfe; un wars krank, hänn ehrs net
versorscht. Un hot äns e Bä gebroche, hänn ehrs
net verbunne. All die, wu allä un verlosse waren,
hänn ehr net hämgholt, un die, wu verlore gange
waren, erscht garnimmie gsucht. Was hänn ehr
die Vieschelscher geploocht un geperzt.

…

9 Un desdeweesche heeren mol her, was de Herr
eich zu verkinde hot!
10 Do horchen mol, was de Herrgott, de
Allmäschdisch saacht:
Alleweil krischens die Hirte vun moine
Schäfelscher mit mir zu du, die Herd ist
alleweil bloß noch moi! Un Schluss is mit dere
Schäfeluffbasserei; alleweil hot des e End mit
dere Halsabschneiderei vun moim Volk! Ich
reiß denne moi Schäfelscher ausem Rache, die
krischen se net länger zum Fraß vorgschmisse!'

11 De Herr, de allmäschdisch Gott, hot gsat: Ich
selwer will nooch moine Schäfelscher gucke un
mich um se kimmre.
...
23 S kummt de Daach, do setz ich iwwer moine
Schofsherd en änzische Hirt oi, der se uff die
Wäd fiehre un nooch ne gucke werd: der is iwwer
siwwe Ecke mit em Känisch David verwandt un
kummt grad nooch demm. Un der is dann all
denne ihrn Hirt
24 un ich, de Herr, bin dann all denne ihrn Gott. Un
der, wu dann am End nooch em David kummt,
soll denne ihrn Ferscht soi. Gsat is is gsat, vun mir
selwer, vum Herr, vum allmäschdische Gott. "

Wann sich des, was de Prophet Ezechiel do saacht, doch ach emol die ganze annere Hirte uff dere Welt zu Herze nemme deeten: Als de Hirt vun alle Hirte werd mol de Messias kumme. De Messias, wu denne ganze Hirte dann zeische dut, wie des geht mit demm Uffbasse.

Was wär des fer e Sach, wann sich die Hirtemädle un Hirtebuwe vun dere ganze Welt die Worte vum Ezechiel zu Herze nemme deeten. Un wann se sich selwer frooche deeten, obs net besser wär, sich als Schäfel zu de annere Schäfelscher zu stelle un sich ganz demiedisch mit denne uff die Such nooch demm neie David zu mache!

3. Gucke, uhne dass mer gucke kann

„Do gucken, der Stern mit demm Schwäf hinnedra ist widder do", saacht der Bucklisch.
„Wu?", froocht der Blinde.
„A do iwwe!", saacht dodruff der Bucklisch, un in soine ganze Angscht deit er uff denn herrlische Stern.
„Wie kannschten du ach noch me Blinde so ebbes zeische!", brummt der schwarzhorisch Mannskerl.
„Guck", saacht der Bucklisch zu demm blinde Jodocus, „do steht er iwwer Betlehem un leicht runner wie de Mondschoi."

Der blinde Hirt soll in de Himmel gucke un de Stern sähne! Un meeschlicherweis sieht er jo doch ebbes. Ebbes sähne, uhne dass er ebbes sähne kann, gucke uhne zu gucke, weil soi Ohre jetzt soi Aache sin, un mit denne heert er net bloß des zaade Summe vun re Engelsmusik im Himmel, nä der spiert sogar des warme Licht vum Woihnachtsstern.

Do kann mer sich schun frooche: Wer siehten do mäner?
Der gelbärdische Angschtschisser,
der bucklisch Streitgockel
odder der blinde Jodocus?

Is des net so, dass Angscht em so an de Seel naache kann, dass mer s liebschde wie e klänes Kind mit de Händelscher die Aache zuhewe deet? Un wer hot des net schun erlebt, dass Ärscher un Zorn em blind mache kann wie en Maulwurf? Der blinde Hirt hot soi Angscht abgelescht. Jetzt kann er gucke, weil er gelernt hot, sich fiehre zu losse; weil er im raweschwarze Dunkle es ferdichgebroocht hot, sich an die Hand nemme zu losse. Un wer kä Angscht un kä beese Gedanke hot, kann trotzdem sähne, ach wann mer nimmie gucke kann. Gucke mit soine Ohre, mit soine Händ un mit soim Herz un inwendisch, dief innedrin im Herz de Herrgott ausmache, ach wann mer anschoins ganet gucke kann. So ebbes hänn ach schun emol zwä annere Blinde ferdichgebroocht un hänn ganz vun selwer zum Jesus hiegfunne:

Frei noochem Matthäus-Evangelium (Mt 9, 27 - 31)

27 Noochdem de Jesus des jung Mädel, wu grad ewe gstorwe war, widder lewendisch gemacht ghat hot, wollt er sich widder uff de Weesch mache. Do sin em zwä Blinde hinnenoochgerennt un hänn gsat: „Du Sohn vum Känisch David, erbarm dich halt!“

28 Wie der dann ins Haus noi is, sin se glei hinnerm nooch. Do hot er se gfroocht: „Glaawen ehr mir werklich, dass ich eich helfe kann?“
Do hänn sem Antwort gewwe un gsat: „Mir glaawen der!“

29 Do is de Jesus hiegange un hot denne ganz vorsichdisch an die Aache dragelangt un hot zune gsat: „Des, was ehr mir in eierm diefe Vertraue glaawen, des soll alleweil ach bassiere.“

30 Un dann hänn die zwä sähne känne.
Hinnenooch hot ne de Jesus gedroht un gsat:

„Bassen bloß uff, dass käns ebbes dodevu mitkrieht.“
31 Awwer die waren noch net rischdisch die Deer
drauß, hänn se des, was ne mit em Jesus bassiert
is, in de ganz Geeschend rumverzeelt.“

„Glaawen ehr dra, dass ich, de Jesus, eich helfe kann un ehr all gucke känn?“, die Frooch will er alle Menschekinner stelle. Un was wär des schad, wanns dann bloß Leit geeb, wu liewer blind bleiwe wollten.

4. Sich wie e Schäfel an die Kripp fiehre losse

Wie der Engel zu denne gsat ghat hot: „Ihr missen eich net feerschde! Ich bring eich e großi Fräd; e Fräd, wu alle Leit ans Herz gehe will,“ hänn die ganz demiedisch zu em nuff geguckt; e Ruh is oigekehrt bei de Viecher, un die äfäldische Leit hänn die gewaldisch Noochricht uff e Art gheert, dass se innerlich gebebt hänn, uns Herz gekloppt hot bis nuff in de Kopp: de Heiland deet heit uff die Welt kumme als Kind, so klä, dass es sich noch net emol selwer vorstehe kann, driwwe dief im Feld deet mers finne, glei newer Betlehem, in Winnle gewickelt.

Mer kann sich die verdutzde Gsichter vun denne Hirte gut vorstelle: Als ob se s net fasse kännten, was se do bei dere Engelsnoochricht zu sähne un zu heere krischen. Bei demm, was do owwe am Himmel bassiert, kann mer sich bloß noch an em Stick wunnere, feerschde un große Aache mache: Des kann jo garnet soi! Des is net zu fasse! So ebbes! Ob der Engel mit soinere Engelsschar wirklich uns kläne un arme Hirte mänt? Die wern uns doch net an de Nas rumfiehre wolle? Was wollen dann die göttliche Himmelsuffbasser do hunne bei uns lausische Deiwel?

Do stehn se uff em Acker, klä un bescheide. Un all känn sähne, dass de Herrgott an de Woihnachte soi klä Biewel grad zu denne arme Hund vun Hirte schickt, wu eder aus de Wesch gucken wie verlorene Schäfelscher.
Ihr Leit, der Stern vun Betlehem geht uff
iwwer denne arme Schlucker vun Schäfeluffbasser,
iwwer all denne, wu arm un elendisch dra sin un kä

Dach iwwerm Kopp hänn,
iwwer all denne, wu geploocht wern vun Kummer un Kranket,
iwwer denne, wu sich verlosse fielen,
iwwer denne, wu die Woihnachtsfräd garnet kumme will, un iwwer eich all, wann ehr eich hiestellen un norre ins diefe Dunkle noi horchen, gucken un des Chrischtkinnel beisähnen.

An Woihnachte dirfen all die, wu grad sich noch als Hirte gfiehlt hänn, Schäfelscher were un sich vum Herrgott mitsamt soine Engel an die Kripp fiehre losse.

Noochem Psalm 23, wie en de Jörg Zink iwwertrache hot – awwer uff Pälzisch

1 De Herrgott sorscht fer mich, warum soll ich mer do Sorsche mache?
Moin Weesch is de rischdisch un der fiehrt net sunschtwohi, weil de Gott bei mer is un guckt un mir die Rischdung weist.

2 De Herrgott gibt mer, was ich needisch hab, warum soll ich mer do Sorsche mache?
Der gibt mer Fudder fer moin Geischt un moi Herz, ach wann sunscht känner mich satt macht, wann mir alles zwische de Finger verlaaft, un mer mänt, mer kännt mich mit wennicher wie nix abspeise.

3 Der gibt mer en sichere Schritt.
Der zeischt mer de Weesch durch die viele verworschdelde Menschelewe, durch denn ganze Wuuscht vun Irrlichter.
Durch des Rausche vun denne viele Stimme. – En klare Weesch, weil ich mich druff verlosse kann, dass des de Herrgott is, wu mich an de Hand nimmt.

4 Un wann die Lichter ausgehen un s dunkel werd, wann ich allä bin, odder die Kränk hab – un mich feerscht vorm Dod – wann ich mich gesche dich stell, du moin Herrgott, – un mer noch dezu oibild, ich hätt doi guti Hand verlore, do brauch ich mer ach in de greescht Angscht kä Gedanke mache, dass ich dich verliere misst, weil du jo alsfort bei mer bischt.

5 Alsfort bischt du so gut zu mer, loscht mich Gascht soi in deim Haus, un noch mäner: doin Freund un doi Kind, ach wann annere s net gut mit mer mänen.

6 Doi Deer steht fer mich uff, solang ich uff de Welt bin. Un wann ich sterb, is alles bei dir dehäm gericht.

Vun so me Herrgott werd mer doch gern an die Hand genumme! Kä Wunner, dass unser Schofshirte ball die Schlabbe verlieren, bloß dass se als Erschde im Stall vun Betlehem akummen.

Un sie laafen los, laafen durch denn stille Schnee, en kläne Haufe vun Mensche, Fraue in Kapuzemäntel, Männer un Kinner, all in dieselb Rischdung, all demm Stern mit demm Schwäf nooch, der hoch drowwe un glänzisch strahlt in dere wer weeß wie diefe Sternenacht.

5. Vum Lämmsche, wu Hirt soi will

Mit vier Händ hänns die Maria un de Josef grad ganz vorsischdisch in des Krippel noigelescht. Wie s dann do so ruhisch drinlischt wie e Blimmel un rundlich wie e Wolk, des Gsichtel noch nass vun de Träne un vun de Milch, do missen se sich mol fescht agucke, de Josef un die Maria.

„Maria", seifzt do de Josef, weil er dief drin fiehlt, dass des Frääle heilisch is. „Moin Josef, moin Liebschder", bischbert se. Un demm Josef kummts vor, als deetem de ganze Himmel Dankschä saache dodefor, dass er die ganz Zeit noochem Rechde geguckt un fer alles gsorscht hot. Un dann kummts äfach iwwern, er nimmt die Maria an de Händ, drickt re dodebei noch schnell e Kussel uff ehr wachsbleechi Stirn … „Kumm, mir wollen bede", stoddert er, „weil: Des is so ebbes vun schä!"

Do muss em doch des Herz afange zu huppse, wann mer des klä Hebechsel do in demm Krippel lische sieht. Alles so winzisch an demm Herrgottskäwwerle, dass mer sich fascht net traut, drazulange, vor lauder Angscht, mer kännt ebbes abbreche. Un wanns so do lischt, kann mer kaum glaawe, dass des Werschdel mol de Redder vun de Welt soi sell. En Heiland, wu strambelt, kreischt un lacht un sich mit de Feischtelscher de Schloof aus de Aache riwwelt. En Messias, wu als an de Bruscht vun de Mudder die Milch schmätzelt. En Hirt fer die

Schäfelscher, wu vun soinre Mama gebobbelt un gsträchelt were will.

Des klä Herrgeddel, wu kummt un Schäfeluffbasser fer uns Schäfelscher soi will. Un bloß, weils nimmie hiegucke kann, wann sich die Schäfelscher alsfort verlaafen un verrennen, wann se sich bocksbänisch drastellen, sich in dornische Hecke verstrambeln odder gegeseidisch des Gras wegfressen, is es selwer zu me Lämmel wore.

Ganz klä macht er sich, unsern Herrgott: als Winnelschisserle an de Woihnachte un als Lämmsche am Karfreidaach. En Gott, wu sich selwer klä un nackisch macht, en Hirt, wu zum Lämmsche werd un ganz noh bei de verlorene Schäfelscher soi will. En Hirt, wu fer uns zum Lämmsche werd e Lämmsche, wu die Lieb zu uns Schäfelscher bringt un uff die Art Hirt soi will.

Frei noochem Lukas-Evangelium (Lk 15, 1 - 6)

1 Es war mol widder en ganze Haufe Zöllner um
de Jesus rum un noch dezu so manch anner
Lumbechores, wu mer Sünder dezu gsat hot. Un
all waren se do un wollten em zuhorche.
2 Un wie dann die Pharisäer un Schriftgelehrische
agfange hänn, zu meckre un gsat hänn: „Gucken
mol, was der fer en schlechde Umgang hot! Der
isst sogar mit denne!“
3 hot de Jesus denne e Gleichnis verzeelt:
4 „Stellen eich mol vor, äner vun eich hätt hunnert
Schofe un äns devu deet sich verlaafe. Mänen
ehr net, der deet die annere neuneneunzisch in
aller Ruh in de Wiescht ehr ausgedrickeldes Gras
muffele losse un deet erscht emol so lang nooch
demm verlorene Schäfel suche, bis ers gfunne hot?
5 Un wann ers dann gfunne hot, dann dut er sich
fräe un nimmts uff de Buckel
6 un traachts häm. Dort ruft er dann glei soi
Freunde un die ganz Nochberschaft zamme un
saacht zu denne: Auf ihr Leit, alleweil kännten
ihr eich mol mit mir zamme fräe, ich hab moi
verlorenes Schäfel widdergfunne!“

Die verlorne Schäfelscher sins, wu als die Erschde mit demm Klä in de Kripp Woihnachte feire dirfen. Un grad so gehts unserm Blinde in unsere

Hirtegschicht: Grad er is es, wu zu allererscht vun demm Chrischtkinnel gfunne werd. Un weil er nix anneres kann wie Musik mache, schenkt er demm Chrischtkinnel mit jedem Ton e klä Stickel vun soim Herz un soiner Seel.

Ganz still is es, ganz still; der Blinde lacht erscht noch e bissel, un dann fangt er a, die Saite zu strächle uff e ganz edli Art. Soi rodes Gsicht werd ganz weiß, so uffgereescht is er, un aus soiner Geig heert mer de Gsang vun Engel, so schä, als wär er selwer äner vun denne Engel un mer hätten grad so aus em Himmel runner gstohle … Un iwwer denne raue, ugschorene, arme Leit fangt a zu strahle de glänzigschde Glanz vun denne ehre Seele, un demm Blinde dropsen vun de Backe die Träne runner.

Un wie er ferdisch is un de Booche absetzt, steht er do un lacht nuff, nooch owwe in die Heeh.
„Ich habs Kind gsähne“, groint er, „ich habs gsähne! Ach, was is des herrlich un schä!“

Do steht er, der Blinde. Un äns is sicher: Der spiert, dass des Chrischtkinnel in demm Holzkrippel Hirt soi will fer all die Mensche uff dere Welt. Machen, kummen un gucken: Do lischt er doch. Der Klä, der große Gott als klänes Herrgeddel, unser Oschterlämmel, unsern Hirt.

5 Mit de Maria ganz noh beim Chrischtkinnel

Mit der Gottesmutter an der Krippe

1. Moi erschdi Marieerschoinung

Als Bu vun re katholische Mudder war mir jo schun in de Kinnerzeit die Muddergottes net ubekannt. Mir gedenkt noch des kläne Marie-Bildel aus Holz, wu mer die Mama iwwers Kinnerbettsche ghängt ghat hot. Awwer als Sohn vun me evangelische Vadder hot die Maria bei uns dehäm dann doch eder e ruhisches Lewe fiehre dirfe.

So rischdisch noh, mer kännt ach saache „uff die Pell gerickt“ is mer die Maria awwer e ganzi Weil späder. Die Art vun Marieerschoinung hab ich noch vor Aache als wärs heit: Silveschderfeier mit me Haufe junge Leit Afang vun de 1980er Johre im Haus vun me Freund, wu die Eltre uff Urlaubsräs gange waren. Was die Alde awwer net hänn ahne känne war, dass mer all uns nooch re durchgezechde Nacht in unserm Surri in demm vornehme Haus verdält hänn, um unsern Rausch auszuschloofe. Warums grad mich in des vun de Gaschteltre verlossene Eheschloofzimmer verschlache ghat hot, kann ich eich heit nimmie saache. Uff alle Fäll lisch ich am friehe Morschend in demm fremme Bett un will mich im Halbschloof zum Matratzegräwel niwwerrolle, do giekst mer ebbes Spitzes un Hartes ganz wiescht in die Rippe noi. Ach Gott, was bin ich verschrocke! Un dann, ihr werns mir net glaawe: Guckt doch e foi gschnitzdes Madonnegsichtel aus Linneholz unnerm Plimo raus – mit me ganz uschuldische Lächle im Gsicht, als wisst se grad garnet, was do vor sich geht – Aua un Prost Neijohr! A, die hot mir jo so in die Seit gstoche, dass ich dere jo in moim Schreck beinoh noch des Bobbelsche aus demm Arm gstuppt hätt.

Un des war se dann ach: moi erschdi Marieerschoinung. Un die hab ich re Silveschdernacht zu verdanke, wu mer aus Angscht vor Oibrecher des deiere Schnitzwerk unnerm Deckbett versteckelt ghat hot.

Heit hänn mir selwer als Erbstick vun moine Schwicherleit so e gschnitzdi Muddergottes aus Owwerammergau in unserm Wohnzimmer an de Wand hängke. Ganz friedlich un vornehm guckt se em a, grad wie e Känischin: die Kron uffem Kopp, es Zepter in de Hand, un uffem Arm des Jesussel. Un manchmol kummt mers vor, als deet se mer mit me Aachezwinkere unser erschdi Begeeschnung aus Juchendzeite in Erinnerung rufe. Un ich muss an des uschuldische Madonnegsichtel vun domols denke, wu saacht: „Kä Ahnung, was do grad am Bassiere is."

Ja, un do kummt mer des jung Mädel aus Nazaret in de Sinn, aus demm Derfel, wus schun in de Biwel heeßt, dass des Nescht in Galiläa net grad die bescht Adress war, un en Haufe Chores dort gewohnt hätt. Un je länger ich dodriwwer am Simeliere bin, muss ich mich wunnere, fer was alles des jung Fräle in de ledsche zwädausend Johr hot herhalde misse!

Die erschde Chrischte hänn die Gottesmudder noch äfach e Mudder soi losse. Aus demm Grund hot jo dann ach de Aposchtel Paulus in soim Brief an die Galater net viel Zirkus un noch wennischer Worte wesche dere Maria mache misse. In soim Brief kann mer lese: *„Wie die Zeit kumme war, hot de Herrgott soin Bu gschickt, vun re Fraa gebore un unners Gsetz gstellt, weil er alle Menschekinner frei mache wollt vun Reeschle un Gsetze." (Gal 4,4)*. Korz un knapp, Punkt, Schluss, aus! Awwer so rischdisch dramadisch werds dann ganz hinne in de Biwel, im Buch vun de Offenbarung. Dort is die Redd vun re schwangere Fraa, wu im Himmel die Reddung findt vor me beese Urvieh un Drache. Die Leit hänn sich späder gedenkt, dass die do Fraa doch bloß die Maria soi kann, un mer hot se sich dann vorgstellt wie e Himmelskänischin, wu hell agstrahlt vun de Sunn uf re Mondsichel steht, gschmickt mit re Kron voll mit zwölf Sternelscher. Seitdemm hänn Kinschtler nimmie uffgheert, des kläne Jude-Mädel aus Israel in immer buntere Farwe zu mole. Die Kläder strahlend blau wie de Himmel, geziert mit Gold vum Kopp bis zu de Fieß. Un weil jo ach in demm Mädel vun Nazaret unser Herrgott gebore wore war, waren net wennisch Theolooche iwwerzeischt, dass die jung Fraa hot net bloß Jungfraa soi dirfe, nä sie hot uff alle Fäll ach Jungfraa bleiwe misse. Un aus demm Zimmermann un Handwerksborsch Josef hot mer dann halt mit de Zeit en alde Knopp gemacht, wu soi Fraa hot bloß vun weitem ahimmle dirfe.

Viel is nimmie iwwrisch gebliwwe vun demm jung Mädel aus Fläsch un Blut, vun demm Menschekind, des wu sich – was fer e Wunner – de Herrgott ausgeguckt ghat hot, soin Bu als Menschekind zu uns

Mensche kumme zu losse. Beim demm evangelische Parre un Dichter Kurt Marti liest sich des so – vun mir awwer alleweil uff Pälzisch:

Späder, viel späder
hot se runner geguckt vun denne Altär, die Maria,
wu mer se druffgestellt ghat hot,
un sie hot gemänt, die Leit hätten sich gedeischt
un hätten se verwechselt,
die, wu se als Jungfraa in de Himmfel nuff gelobt hänn,
e äfachi Mudder mit Kinner.

Gezweifelt hot se an ihrm Verstand,
wie se kumme sin, um uff die Knie zu falle,
immer mäner.

Un Angscht hot re uffs Herz gedrickt,
je mäner die Leit se agfleht hänn, dass se hilft
un Wunner dut,
e kläni, schwachi Fraa.

2. Mit Maria de Himmel spiere

Des is schun komisch, dass so viel Chrischte uff dere Welt des äfache Mädel aus Israel hänn so in denn Himmel nuffhewe wolle! Un alleweil frooch ich mich: Hot meeschlicherweis aus demm Mariele die Maria were misse, aus dere Zimmermannsfraa e Himmelskänischin, weil mir Mensche des Woihnachtswunner net fasse känn? Nämlich: Dass in me Menschkind des Chrischtkinnel gebore werd?

Im Baichel vun re junge Fraa kummt de Himmel uff die Erd. In demm junge Mädel fangts Licht vum Herrgott a zu leichde, un die Leit känn an de Maria sähne: Do gucken, so wie bei de Maria kann midde in unsrer Weltgschicht bei jedem Menschekind der Glaawe lewendisch were!

Gott kummt: zu eich, zu dir un zu mir, zu eich all mitenanner! Un in alle Leit will er gebore were, neies Lewe schenke un uns saache: Eich loss ich nimmie allä!

Un weil fer die Leit bis heit des Woihnachtswunner e großes Rätsel bleibt, gehn die Mensche hie un machen sich selwer ihr Bild: Un so gibts uff dere Welt uzählische Bilder un Figure. Die Maria – gschnitzt als armes Ding odder als reichi Känischin, gemolt als frommi odder als gutmiedischi Fraa, mit un uhne Schutzmantel un in Ausnahmefäll sogar als strengi Mudder, wu demm Jesus mol astännisch de Bobbes versohlt.
Mol begeeschent se em mit lange, gladde Hoor, dann mit blonde, fresche Leckelscher, e annermol ganz brav un fromm, grad wie e Nonn ausem Kloschder. In Brasilie kämpft se wie e Leewemudder fer die arme Deiwel vun Baure um e Stickel Land, wu se hänn weggenumme krieht. Un in Afrika hot se e Schissel voll mit Korn im Arm, weil die Mensche hoffen, dass die demm Herrgott so in de Ohre lischt, dass der ebbes dut un endlich die eedermliche un hungrische Kinnerscher satt macht.

Vun Afang a, ihr liewe Leit, hänn die Chrischte sich ihr egenes Bild vun de Maria gemolt un gschnitzt. Un wer genau hieguckt, kann in denne Bilder all die Dräm, Winsch un Ängscht erahne, wu se dere immer widder ans Herz gelescht hänn. Ans Herz gelescht, weil se mit de Mudder vum Herrgott e Stickel vum Himmel hänn spiere känne.

Am schänschde losst sich des bei demm romandische Dichter Novalis noochlese – halt mol widder uff Pälzisch umgedicht:

Maria

In dausend Bilder sehn moi Aache
dich, Maria, goldisch, gut,
doch käns vun denne kann mir saache,
wie moi Seel dich sähne dut.

Ich weeß bloß: all der Umtrieb uff de Welt
seitdemm dut wie en Draam verwehe,
un ufassbar sieß des Himmelszelt
derf ewisch mir im Herz drin stehe.

In die Maria denn ganze Kummer un des ganze Glick noilesche un dann mit re denn sieße Himmel spiere! Mit Maria de Himmel spiere, des kann wohr were, wann mir all uns vun de Gottesmudder des Chrischtusbobbelsche ans Herz dricke lossen.

Mit Maria zum Herrgott kumme un de Himmel spiere, dann werds ball Woihnachte!

3. Mit Maria ganz nei afange

Was sich de Herrgott dodebei mol gedenkt hot? Soin Bu uff so e iwwerzwerchi Art uff die Welt zu schicke! Un dodebei erlebt mer glei zwä Iwweraschunge:

Die erscht Iwweraschung: In re Zeit, wu die Weibsleit grad garnix zu melde ghat hänn, is ausgereschent e Fraa mit dra schuld, dass de Herrgott als Mensch mit Haut un Hoor in unser Welt noischluppe kann. Un die zwätt Iwweraschung: Die Fraa is noch dezu so e junges Ding, dass sich die Leit bis heit wunnern, wies zu dere Schwangerschaft kumme is. Kriet die e Kind, bloß weil de Vadder im Himmel des sich so un net annerscht in de Kopp gsetzt hot! Ja, weil der äfach hiegeht un mit soim Gotteswind des neie Lewe in des Baichel vun de Maria noiblost!

Frei noochem Lukas-Evangelium (Lk 1, 26-38)

26 Wie die Elisabeth im sechsde Monat schwanger
war, hot de Herrgott de Engel Gabriel uff Nazaret,
e Stadt in Galiläa, gschickt,
27 zu me Mädel, wu noch Jungfraa war. Die war
verlobt mit me Mann, wu Josef ghäße hot un
iwwer Generatione mit em Känisch David
verwandt war.
28 Der Engel is zu re hie un hot gsat: „Ich bring
der en herzliche Gruß un soll der ausrichte: De
Herrgott is mit dir, der hot sich mit dir ebbes
Großes ausgedenkt!"
29 Do is die Maria erscht mol ganz schä verschrocke
iwwer denn Engel mit soine komische Noochricht
un hot iwwerlescht, was der do gemänt hot.
30 Un der Engel hot gsat: „Du muscht dich net
feerschde, du krigscht die ganz Lieb vum
Herrgott. Net zu fasse, wie gern der dich hot!
31 Du werscht sähne: Es dauert nimmie lang, dann
bischt du schwanger un werscht en Bu uff die
Welt bringe: demm sollscht du dann de Name
„Jesus" gewwe.

32 Un es werd e Zeit kumme, do werd aus demm
Klä dann de Allergreegscht un all saachen dann
zu em „des is de Sohn vum Heegschde“. Un de
Herrgott losten uff em Thron vun soim Urahn
David sitze
33 un dann werd der de Känisch vun de ganz
Sippschaft vum Jakob soi. Un soi Herrschaft werd
kä End finne.“
34 Do hot die Maria zu demm Engel gsat: „Kannscht
du mir mol saache, wie des vorsichgehe soll, wu
ich mit käm änzische Mann enger zamme war?“
35 Do hot der Engel redur gewwe: „Waad mol: De
Geischt vum Herrgott kummt dann iwwer dich
– wie en Schadde, un sorscht fer des Wunner. Un
desdeweesche werd mer dann ach zu demm Klä
saache: „Der is heilisch un de Bu vum Herrgott“.
36 Un guck der mol die Elisabeth a, doi Verwandti:
Die kriet ach en Bu, un des in ihrm Alder. Die
is schun im sechsde Monat, obwohl mer gemänt
hot, dass se iwwerhaupt kä Kinner krische kann.
37 Do kann mer mol widder sähne, fer de Herrgott
is nix umeeschlich.“
38 Dodruff hot die Maria gsat: „Alleweil will ich
die Fraa vum Herrgott soi, ganz will ich zu em
gheere. Dann solls alleweil so kumme, wie dus
vorausgsat hoscht.“ Un glei druff war der Engel
widder fort.

Ihr Leit, ich kännt mer vorstelle, dass des alles fer des jung Fräle net äfach war, sunscht hätt se jo denn Engel net gfroocht, wie des alles vorsichgehe soll. Es hot bestimmt e ganzi Weil dauere misse, bis se die wunnersam Noochricht hot anemme un „Ja“ hot saache känne. Un es kännt gut soi, dass se als Jude-Mädel dann erscht mol hot an viele annere Fraue aus ehrm Volk denke misse, wu in friehere Zeide ach schwanger wore waren, obwohl käns mäh dra geglaabt ghat hot, dass do noch e Kind kumme kännt.

Vielleicht is re jo die alt Sarah mit ehrm Abraham oigfalle odder die Rebbekka, wu zwanzisch Johr hot uff Kinnerseesche waade misse, obwohl dass se ehrn Isaak so gern ghat ghot. Odder sie hot sich besunne uff die Rahel, wu wie e Wunner am End noch hot zwä Buwe krische dirfe.

Drei Fraue, wu bloß desweesche hänn schwanger were känne, weil de Herrgott mitgholfe ghat hot.

Un doch lischt der Fall bei de Gottesmudder noch e bissel annerscht als wie bei de Sarah, de Rebekka un de Rachel: Bei dere Maria nämlich war beim Kinnerkriesche noch net mol en Mann needisch, un de Herrgott selwer hot alles dragsetzt, dass in dere neies Lewe afange un wachse kann. Des is halt fascht nimmie zu glaawe! Des is ebbes Neies un Wunnerliches fer die Maria un nochdezu späder fer en ganze Haufe vun Chrischte. Mer kanns kaum in Worte fasse, was mer do an Woihnachte feiert:

Gott kummt als Mensch
in re Fraa aus Fläsch un Blut
do in unser Welt.

An de Maria zeischt de Herrgott, wie er grad so aus de Lamäng e neies Kapitel vun de Weltgschicht schreiwe kann. Was der druffhot! So ebbes hots bis zu demm Besuch vum Engel Gabriel bei de Maria noch nie gewwe, un so ebbes is ach hinnenooch nimmie bassiert: Uhne dass en Mensch ebbes dut un macht, fangt ebbes ganz Neies a! De Herrgott lescht des Jesuskind als Gschenk äfach in die Maria noi. Der geht äfach hie un losst mit de Maria des Chrischtkinnel in die Welt noikrawwle. Un Gott sei Dank, des jung Fräle nimmt des lewennische Päckelche, sie nimmts äfach a, un dann packt ses ganz vorsischdisch uff!

4. Mit Maria des Lewe fiehle

Äns is klar: Am End war se uff alle Fäll voll vun Glick, wie se dann des klä Werschdel hot ins Woihnachtskrippel lesche känne. Voller Stolz hot se erscht die Schofshirte un net lang druff die Sterndeiter begrießt, wu demm Klä sogar noch Gold, Weihrauch un Myrrhe mitgebroocht ghat hänn.

Un doch war bei dere jung Gottesmudder ganz schnell zu demm Glick un dere Fräd de Kummer dezukumme. Zuerscht wars jo der miese Dreckseckel vun Herodes, wu die frischgebacke Mudder zum Feerschde hot bringe misse. Un aus Angscht um des Kind hot sich dann die jung Familie uff die Flucht nunner uff Ägypte gemacht. Awwer so rischdisch schwer ums Herz is re s wore, wie se denn Klä – so wies fer die erschtgeborene Jude-Biewelscher vorgschriwwe war – zamme mit em Josef in de Tempel vun Jerusalem gebroocht hot. Dort sin se nämlich demm alde Simeon begeeschent. Un wie der dann afangt, in de dunkelschde Farwe die Zukunft vun demm Chrischtkinnel auszumole, is es demm Gottesmudderle angscht un bang wore:

Frei noochem Lukas-Evangelium (Lk 2, 34 – 35)

34 Un wie de Simeon debei is, die Gottesmudder Maria zu seechne, saacht er zu re: „Denn Klä hot sich de Herrgott ausgeguckt, dass die Leit in Israel selwer kapieren, dass se uff em Holzweesch sin, am Stolpre un am Hieplotze, un annere sich fräe un uffstehe känn. Un fer manch äns vun denne werd er zum Alass, dewedder un degesche zu gehe.
35 Un dann weiselt sich, was fer Gedanke die Leit die ganz Zeit in ihrm Herz versteckelt hänn. Awwer dir wern wesche demm Kerlche Kummer un Schmerz wie e Schwert die Seel durchbohre."

In dere Stunn geht net bloß demm Simeon e Licht uff, nä, jetzt weeß ach die Maria, dass des kläne Winnelschisserle net bloß Sunneschoi uff die Welt bringe dut. Der will kumme, um de Weesch zu soim Vadder, zum Herrgott zu weise. Un mit dere Uffgab werd er sich dann ach e bludisch Näsel hole, ob des dere Mudder gfallt odder net.

Un so wunnerts em halt net, dass die Muddergottes in de nägschde Johre iwwer ihrn Bu immer widder staune, de Kopp schiddle un manchmol sich ach noch dezu ärschere muss:

- Ärschere iwwer denn zwölf Johr alde Lausbu un Gneisel, wu – anstatt in de Näh vun soine Eltre zu bleiwe – im Tempel vun Jerusalem kassadre geht, bloß, weil er sich im Haus vum Herrgott grad wie dehäm fiehlt un liewer mit de Schriftgelehrte rumdischbediert als brav de Eltre zu folsche.

- Ärschere iwwer denn junge Kerl, wu bei soim erschde große Ufftritt bei de Hochzisch vun Kana sich mit soine Mudder alescht, bloß weil die demm de Rod gibt, aus Wasser Woi zu mache. Moin liewer Scholli, was der dere Gottesmudder an de Kopp gschmisse hot: „Guti Fraa, des is allä moi Sach un net doini!" – Mer kännt ach iwwersetze: „Was gehten dich des a, guti Fraa!“ – Ach Gott, wann ich so ebbes zu moiner Mudder gsat hätt, die hätt mer awwer de Marsch geblose!

- Mäner uffreesche wie ärschere muss se sich, wie er dann ach noch afangt, wie en Revoluzzer radikale Sprich zu kloppe, bis dass en soi ganzes Dorf fer verrickt erkläre un die Verwandtschaft denn Kerl ausem Verkehr ziehe will. Un widder hot er e Antwort parat, wu re Mudder die Luft wegbleiwe un s Herz blude muss: *„Wer isen iwwerhaupt moi Mudder, wer sinen moi Schweschdre un Brieder? Bloß die, wu in de Spur vun unserm Herrgott bleiwen, die sin moin Bruder, moi Schweschder, moi Mudder.“* (Lk 3, 33-35).

Ihr liewe Leit! Wer Kinner hot, kennt des Gfiehl: Mer deet se gern vor jedem Ugschick un Uglick beschitze, awwer die Händ bleiwen em gebunne. Un mer kann ewe net mäner mache wie zugucke, hoffe un bede. Was muss des fer die Maria fer en harte Weesch gewesst soi, en Weesch, wu soi End find am Kreiz vun Golgata!

Un mer kann sich ausmole, wies dere arme Fraa ergange is: Maria, die Mudder, wu bis zu soim Dod an soiner Seit bleibt. Wu durch e Dal voll vun Schmerze un Trauer muss, un dann am leere Grab ziddert un bangt un die groß Frooch stellt: „Hot der Engel Gabriel domols werklich die Wohret gsat, wie er mer ins Ohr noigebischbert hot: Doin Bu soll de Bu vum Herrgott soi, bei demm is er gut uffghowe, der is unser ganzi Reddung!“ – In ehre diefschde Not froocht se, sucht se un hebt sich fescht an demm, was der Engel vor Johre versproche hot. Un weil se demm Engel Glaawe schenke will, lescht se ehrn dode Bu mitsamt ehrm Kummer in die Händ vum Gott-Vadder.

So en Glaawe, wu mer sich dra hewe kann, wann nix mäh hebt, denn hot uns die Gottesmudder vorgelebt. Un der Glaawe is schun so manch em Menschekind zum Reddungsanker wore. Heern mol her, was im Johr 1942 der Soldat Arno Pötzsch zu de Schlacht vun Stalingrad gschriwwe hot – Verselscher, wu em ans Herze gehe missen. – Uff Pälzisch:

Die Muddergottes vun Stalingrad
is ganz noh bei deitsche Soldate.
Die hot sich in re eisische Winternacht
aus russischem Steppeland uffgemacht,
die Mudder, wu voll is vun Gnade.

Die Muddergottes vun Stalingrad,
die kummt durch de eisische Wind
in Hidde un Höhle kummts se roi
un bleibt in de Näh im schwache Schoi,
die Fraa mit demm himmlische Kind.

Die Muddergottes vun Stalingrad,
die wäß um denn grausliche Schmerz;
die kennt all denn Jammer, die wäß all die Not,
un dausendmol, dausendmol fiehlt se denn Dod,
weil die traacht jo des Kind an ehrm Herz!

Worte, wu Kraft gewwen, Mut machen, grad dann, wanns duschber wird. Zamme mit de Maria nooch de Hand vum Herrgott zu suche, im Dunkle sich sähne nooch Wärm un Licht, im Glaawe die Lieb vun unserm Herrgott ausgucke, beisähne: Advent!

5. Mit Maria fers Recht oitrete

Es kännt gut soi, dass bloß e Fraa noochfiehle kann, dass es ä Sach is, schwanger zu were un e anneri, Mudder zu soi. Uff alle Fäll muss die Elisabeth beim Verwandtschaftsbsuch vun de Maria die wunnersam Verwannlung geahnt hawwe, die Verwannlung vun demm Mädel zu re Mudder. Die muss mit ehre foine Weibsleit-Antenne gspiert hawwe, dass fer die Maria net bloß Noochwuchs unnerwegs is, nä, die muss ebbes geahnt hawwe vun demm große „Ja" vun dere Mudder zu demm Gottes-Kind, sunscht hätt se net laut nausgejuchzt: *„Ja, selisch is se, die, wu glaawe kann, dass des, was re de Herrgott hot ausrichte losse, wohr werd!"* (Lk 1, 45)

Selisch is se, weil se „Ja" saache kann! Die Maria saacht „Ja" un is oiverstanne, dass de Vadder mit demm Chrischtkinnel ihr ganzes Lewe durchenanner-worschdelt, mit demm Bu die Welt uff de Kopp stelle will. Un wer sich mol die Zeit nimmt, im Lukas-Evangelium noochzulese, werd feschtstelle, dass die Gottesmudder net bloß „Ja" saacht, nä, die singts laut naus. Un wann mer die Ohre spitzelt, werd mer heere, dass se net bloß e Lied vun ehrm Mudderglick astimmt, nä, die singt fer ehr ganzes Israel, fer ihr Volk, wu waadt, dass endlich der Messias kummt un all des Krumme im Lewe grad macht un die ugerecht Welt ins Lot bringt.

Laut singt se in ihre Verselcher vun all demm, was de Mensche Kummer un Uglick bringt un vum Herrgott, wu sich des nimmie lang agucke will:

- Die singt vun denne Dollbohrer un Giftnickel in Russland, Amerika, Syrie, in de Türkei, im Irak, in Nordkorea, Simabwe odder sunschtwu, wu mit Greeßewahn die Welt regiere wänn, awwer se dann ins Uglick sterzen.

- Die singt fer Kinnerscher, wu am Hunger odder im Granatfeier elendiglich verrecken,

- vun Großbaure, Geldbarone un Bänker, wu aus Geldgier die Ärmschde vun de Ärmschde aussauchen wie Blutsuckler.

- Die singt vun Hernvernachelde, wu im Name vun ihrm Herrgott fer en Gottesstaat kämpfen un dodefor wie Deiwel s Blut spritze lossen,

- un ach vun denne Rindskamuffel un Hartrischel, wu mit ihre braun-dreckische Gedanke, Worte un Händ in unserm schäne Heimatlännel Feier leschen.

Frei noochem Lukas-Evangelium (Lk 1,46 – 55)

46 Do saacht die Maria: Moi ganzi Seel heer ich
juchze un singe moim Herrgott, demm Prachts-
kerl,
47 moi Herz kann net annerscht wie juble, sich fräe
iwwer de Herrgott, wu mich redde dut!
48 Grad mich, mich äfaches Mädel hot er ausgeguckt.
Ich kanns noch garnet glaawe! All weren se jetzt
uff mich gucke, un die ganz Welt werd mich in de
heegschde Himmel hewe wolle,
49 weil: Was war der gut zu mir! Was hot der uff die
Bä gstellt, der Kerl! Allä, wann ich soin Name in
de Mund nemm, ziddern mir vor lauter Ehrfurcht
die Knie un kloppt mers Herz!

50 All die, wu de Herrgott gern hänn, all die, wu ihr Herz an en hängken, losst er zu känere Stunn allä! Zu denne, wu Reschpekt hänn, is er herzensgut: zu uns, zu unsere Kinner, unsere Enkelscher un Urenkel!
51 Mit soim starke Arm ramt er uff unner all denne, wu oigebildt de Giggel stellen!
52 Die, wu s Reschiment fihren, schmeißt er vum Thron, un die kläne un arme Deiwel hänn alleweil s Saache un dirfen stolz soi, des glaabscht awwer!
53 Wer die ganz Zeit Hunger ghat hot nooch me Stickel Brot un nooch e paar zaade Händ, der krischt alleweil, was em die ganz Zeit gefehlt hot. Un die Bonze un Geldseckel, die känn jetzt grad mol in de Mond gucke.
54 Der denkt an soin Knecht, des Volk vun Israel, hots gern un drickts fescht an soi Herz!
55 Un mit moim Bu werd endlich wohr, was unser Großvädder un Urgroßvädder schun vor Johre beigsähnt hänn.

6. Mit Maria die Deer zum Himmel finne

In dausend Bilder sehn moi Aache
dich, Maria, goldisch, gut,
doch käns vun denne kann mir saache,
wie moi Seel dich sähne dut.

In dausend Bilder dut der Dichter Novalis die Maria sähne, un in dausend Bilder kann se ach uns begeeschne:
Als junges Mädel, wu guckt un große Aache macht.
Als starki Fraa, wu wäß, was fer en Kerl se do uff die Welt bringe sell.
Als Schmerzensmudder, wu ehrn dode Jesus im Schoß lische hot un so am Groine is, dass mer sich gut vorstelle kann, dass se do mit demm Herrgott ach am Hadre war.
Als Himmelskänischin mit Zepter un Kron, weil am End ehrn Glaawe hot doch wohr were dirfe un se drowwe im Himmel zamme mit ehrm Bu runner zu uns guckt un uff uns waadt.
Große Aache mache, erscht mol Ja saache, zweifle, hadre, sich am End fescht hewe, hoffe un die Näh vum Herrgott spiere. Die Gottesmudder zeischt uns,

wie des vorsichgehe kännt mit demm Glaawe. En Glaawe, wu wachse muss, wu durchgstanne soi will, wu em äfach so gschenkt werd. En Glaawe, wu sich afiehlt, als deet do grad e bissel die Himmelsdeer uffgehe!

Ihr liewe Leit: Mir selwer is es so, als wollt mich die Himmelskänischin an de Hand nemme un mir helfe, die Deer zum Himmel zu finne. Die Deer zum Himmel suche un finne, dodezu sin mir all am Woihnachtsfescht oigelade.

Un was wär des fer e Sach, wann mir an Woihnachte fer annere selwer zu re Himmelskänischin odder zu me Himmelskänisch were deeten. Do muss em ach kän Zacke aus de Kron falle!

Text und Melodie hessische Volksweise 1850
Textübertragung ins Pfälzische: © Thomas Kiefer 2005

2. Was hot se ghat im Bai-chel, so dick?
Ky-ri-e lei-son.
So e klänes Kind bringt kän Schmerz, bloß Glick,
des die Ma-rie hot in demm Bai-chel so dick.
Je-sses un Ma-ri-i-a.

3. Dann hänn die Dor-ne Ro-se ge-traache,
Ky-ri-e lei-son.
Wie se hot denn Klä durch denn Wald ge-traache,
ach wie schä, do hänn die Dor-ne Rose ge-traache.
Je-sses un Ma-ri-i-a.

Uhne Engelscher kä Woihnachte

Vom Lob der Engelschar

6

1. Engel, wie gute Oifäll vum Herrgott

Moin erschde Gedanke war: Gucke mer doch emol in die Biwel noi! Un mer hot noch net rischdisch des dicke Buch uff, fladdern se em jo schun entgesche – un jeder annerschder wie de annere: Der äne is en Schutzengel un guckt, dass Leit wie de Mose mitsamt soinere ganze Sippschaft aus dere ausgedrickelde Wiescht rausfindt. Der annere is en Uffbassengel un jaacht mit soim Feierschwert denn Adam mitsamt soinere Eva aus em Paradies naus, so dass der arme Kerl alleweil selwer gucke muss, wie er mit soinere bessere Hälft änisch werd. Dann de Himmelsbriefdrääscher, wu vum Herrgott die Noochrichte uff die Erd bringt. Un de Bolezischdeengel, wu iwweral dort parat steht, wu s vorm Himmelsdor Zores gibt, un wu guckt, dass wilde Feierdrache un anner wiescht Vieschzeisch de Krutze rumgedreht krien. Un net zu vergesse die Musikengelscher, wu s ganz Johr sich fer de Herrgott die Kehl aus em Hals singen odder alsfort fleedle odder trumbeedle missen.

Un heert mer sich mol um, was die Leit so iwwer die Engel denken, stellt mer fescht, dass die all schun mol irschendebbes vun denne gflischelde Kerlscher gheert hänn. Awwer wie so en Engel leibhafdisch aussieht, des hot mer noch käns saache känne. Sins vielleicht schlanke, blasse Männer mit lange blonde Hoor un me weiße lange Hemm? Odder drollische Kerlscher mit Lockekeppelscher, flick agezoche, barfießisch mit me blodde Bobbes? Was jo net schlimm wär, weil jo so en Engel garnet die Freck krische kann! Hänn se vielleicht doch Sandale a, die Hoor braun odder doch eder gold? Mit odder uhne Heilischeschoi? Die äne mit Flischel, die annere uhne, die äne mit, die annere uhne Feddre odder mit Flischel-Stummelscher wie en gstutzde Babbegei? Odder hocken se do wie gemolt vum Kinschtler Raffael: so kläne nackische Puttscher in Waddewolke unner de Gottesmudder? Ihr wissens schun: Des sin die zwä pausbäckische Dickmobbelscher, wu mer uff Woihnachtstasse, uff Keksdose odder Säfeschale bewunnre kann.

Als kläner Bu war fer mich des mit denne Engel e klari Sach: Do sin die de ganze Advent mit fleckische Kischeschärzel im Himmel rumgscheest un hänn Bersche vun Woihnachtsgutsel gebacke. An kalde Winterowende war dann ach de Himmel rosa-rot vun dere Ofehitz. Un am heilische Owend sin se vum Woibiet runner uff Muschbach gfloche un hänn uns Kinner die Päckelscher unner de Baam gelescht. Un des war fer uns kän Witz, weil nämlich moi Oma Sannsche uns Kinner heegschtpersenlich in die Hand noi gschwore hot, dass se des Chrischtkinnel noch grad ewe zamme mit zwä vun denne Engel bei uns dehäm hot um die Stroßeeck flitze sähne. Un weil mir Kinner hänns kaum glaawe känne, hot se uns als Beweis drei Locke aus echtem Engelshoor präsendiert.

Heit wäß ich nadierlich, dass der Engel, wu uns des Weihnachtsgutsel un die Päckelscher gebroocht hot, äfach bloß „Mamme" ghäße hot. Awwer Engel, die waren uff alle Fäll ach debei: Engel, die defor gsorcht hänn, dass ich schun als klänes Biewel ebbes hab spiere dirfe vun dere große Lieb vum Herrgott. Engel, wu mich schun als kläner Stumbe hänn e klä bissel noispitzle losse in de Himmel. Engel, wu mir bis zum heidische Daach de Herrgott näher bringe wollen. Manchmol häßt er Michael un gibt mer Kraft, wann ich män, die misst alsfort aus mer selwer kumme. Manchmol häßt er Rafael un basst uff mich uff un streichelt mer iwwer de Kopp, wann mers zum heile is. Un dann häßt er Gabriel un gibt mer en gute Rod un bischbert mer en gute Gedanke ins Ohr.
Vum Papscht Benedikt XVI. werd verzeelt, dass er mol gsat hätt, die Engel wären äfach bloß liewe Gedanke un gscheite Oifäll vum Herrgott, wu als Engel dann zu uns kumme wollen. Un de Luther Martin saacht iwwer die Engel, fer annere Leit bede wär nix anneres wie en Engel schicke.

Die gute Oifäll vun unserm Gott wie Engel kumme losse – annere Leit en Engel schicke – des deet jo gut basse so korz vorm Woihnachtsfescht!

2. Engel, wu Owacht gewwen

Was hänn mir Kinner frieher Fisemadende gemacht, wanns am Owend Zeit war fers Schloofe. Un wann die Mudder des Licht dann ausgeknipst ghat hot, un des Dunkel sich ins Kinnerherz noibohre wollt, sin die Schadde an de Wand immer wilder un greeßer wore un hänn em die grausligschde Gschichte verzeelt, dass ems Herz ball in die Schloofanzuchhosse gerutscht is. Wie gut, dass do iwwerm Kinnerbett en Schutzengel ghanke hot. Moin Engel war en rischdisch stramme Borsch. Awwer der vun moim Schweschderle Sussel war bloß e halwi Portion vun Engel, uhne Bauch un uhne Bä: Bloß en Kopp un Flischel, sunscht nix! Un trotzdem war moi Schweschder froh, dass se wenigschdens denn halwe Engel mit uhne Bä ghat hot, so wie die sich als gfeerscht hot.

Lang is es her mit dere Kinnerzeit, un mer kännt mäne, die hätten ausgedient, die Schutzengelscher. Awwer is es net so, dass sich grad heitsedaach dunkle Schadde un Angschtgspenschder bräd machen un uns e Gänsehaut wachse lossen? Schadde vun Lischesäächer, wu uns oiredden, e Lewe wär bloß dann e Lewe, wanns alsfort luschdisch zugeht, ach wann so manch em s Lache im Hals stecke bleibt. Schadde vun Gierhäls, wu mit de Schulde vun annere Leit Gschäfdelscher machen un dodefor ach ganze Länner Bankrott gehe lossen. Schadde vun falsche Hund, wu uns ins Ohr beffen, mer sellten de Herrgott endlich aus de Welt jaache un me Haufe vun goldne Kälwer Platz mache. Un dann noch die Schadde vun so ganz Hernvernachelde, wu selwer en Schadde hänn: die, wu sich oibilden, mer kännt die Welt redde, wann mer hiegeht un äfach bloß die Aache fescht zupetzt un alles, was nei is, zum Deiwel jaacht. Schadde iwwer Schadde …

Wann doch do en Engel wär, wu em an de Hand nemme un rausfiehre deet,
wann mer sich verstolwert hot,
so en Engel, wu em zopple deet,
wann mer sich selwer im Weesch steht,
so en Engel, wu em stuppe deet,
wann mer sich wehre sollt, awwer de Mut fehlt,
wann doch do en Engel wär, so en „Wanns-brenzlisch-werd"-Engel!

Im Alde Teschtament werd vum Prophet Elija verzehlt. Demm soin Angschtschadde war sellemos de Känisch Ahab mitsamt soim Uglaawe: Des war der, wu wesche soine Fraa soin egene Herrgott in die Wiescht hot schicke losse: Bloß weil demm soi bleedi Gredel Feier un Flamm war fer denn Reschegott „Baal". Un dann hänn alle Leit denn Hahnebambel vun Baal abede misse. Awwer do hot der Ahab die Rechnung uhne de Elija gemacht. Der hot nämlich demm Baal, demm wolkische Schaumschläächer, glei mol de himmlische Wasserhahne abgstellt. Un was war: Kä Wasserdrebbel hots in ganz Israel vum Himmel runnergereschent, un nadierlich is alles verdrickelt. Un der Reschegott uhne Resche hot ganz schä bleed ausgsähne! - Do wunnerts em ach net, dass der Känisch Ahab mitsamt soinere Fraa so fuchsdeiwelswild wore is, dass der Prophet Elija vor Angscht nimmie annerscht gewisst hot wie sich in de Wiescht zu versteckle. Bloß gut, dass de Herrgott denn Prophet in soiner Not gsähne hot. Glei is er kumme un hot em vun Raweveschel en Keidel Brot un Fläsch bringe losse. Wann des mol kä Schutzengel waren!

Frei noochem Psalm (91, 9 - 16)

9 Du sagscht: „De Herrgott is moi Zuflucht", beim heegschde Gott hoscht du Schutz gfunne.
10 Aus demm Grund bischt du ach gut uffghowe, un ach kä Uglick kummt in doi Haus.
11 Weil nämlich de Herrgott is hie un hot soine Engel befohle, zu gucke, dass der nix bassiert, egal wud hiegeescht.
12 Die traachen dich uff ehre Händ, dassd net stolwerscht iwwer en Stä;
13 Leewe un Schlange dun der nix, du kannscht se grad äfach so zammedrample.
14 De Herrgott selwer saacht: „Weil der mich so gern hot, will ich en redde; weil er mich kennt un moin Name in Ehre halt, will ich uff en uffbasse.
15 Wann er nooch mer kreischt, dann heer ich glei uff en. Wann er in Not is, hol ich en raus un du em jedi Gunn a.
16 Ich mach en satt mit me lange Lewe un geb em alles, do kann er mol gucke!

Ihr Leit, wann sich so e Schadde-Dunkel bräd macht un de Herrgott aus de Welt gedriwwe were soll, dann brauchts immer widder en ganze Haufe Engel. Un uhne die deeten mir bis uff de heidische Daach uffs Woihnachtsfescht waade! Weil dann wär ach kän Engel demm Josef im Draam erschiene un hätt verhinnert, dass der des jung Mädel sitze losst. Un wer weeß, was die Leit domols mit dere Maria agstellt hätten.

Un wär en Engel net so hell gewesst un hätt die heilisch Familie nunner uff Ägypte gschickt, wär des Jesus-Bobbelsche vum Herodes zamme mit denne viele annere Biewelscher abgemurkst wore. Un uhne en Engel wär die heilisch Familie wahrschoins drunne an de Pyramide gebliwwe. Uhne die Woihnachtsengelscher wär de Herrgott mitsamt soine Lieb zu uns Mensche aus de Welt gedriwwe wore.

Mer kännt grad mäne, dass alle die Engel „Uffbassengel" sin, weil se uffbassen, dass die Lieb vum Herrgott net verlore geht! Wer hot so en Engel net needisch? Denn winsch ich mer selwer, eich all un unsere Kinner!

11 Weil nämlich de Herrgott is hie un hot soine Engel befohle, zu gucke, dass der nix bassiert, egal wud hiegeescht.
12 Die traachen dich uff ehre Händ, dassd net stolwerscht iwwer en Stä.

3. Engel, wu uns ebbes vum Himmel verzeelen

Frei noochverzeelt noochem Lukas-Evangelium (LK 2, 8 - 12)

Net weit weg vun demm Stall, do waren die Hirte uff de Wäd, un hänn die ganz Nacht lang uff ihr Schäfelcher uffgebasst. Uff ämol is do ebbes bassiert, des hänn die ihr Lewe lang nimmie vergesse:
En Engel is kumme, un es is so ebbes vun hell un glänzisch wore, dass die all erscht emol de Mores kriet hänn. Do hot der Engel glei mol als erschdes gsat: „Kä Angscht, ihr Männer! Alleweil verzeel ich eich ebbes, dann wern ehr all mol gucke! Ehr wern glei blatze vor Fräd: Heit is in de Stadt vum Känisch David der uff die Welt kumme, wu mer schun Johre lang druff waade dut: de Messias! Des is der, wu de Leit helfe will un all aus ehrm Schlamassel rausziehe kann. Un äns verrod ich eich: Ihr brauchen bloß zu gucke un suche, ob ner e Bobbelsche finnen, wu in in Winnle gewickelt in re Fudderkripp drinlicht."

Mer kann sich gut vorstelle, dass die Schofshirte uff ehre Wäd ganz dreigedreht geguckt hänn, wie der glänzische Engel vor ne gstanne hot mit soine ugewähnliche Noochricht: Der neie Känisch David soll e klänes Bobbelsche soi? Do weeß mer doch nimmie, ob mer lache odder groine soll, odder?

Un so werds em Martin Luther ach gange soi, wie er vor ball fünfhunnert Johr des Woihnachtslied vun demm runnerkummene Woihnachtsengel gedicht hot. Un wann mir uns alleweil mol e paar vun denne fuffzeh Verselcher e bissel genauer agucke deeten, deeten mir merke, was fer verrickdi un schäni Noochricht uns der Engel gebroocht hot.

Lied: „Vom Himmel hoch" uff Pälzisch

1.
Vum Himmel runner fliech ich oi,
e guti Noochricht bring ich glei,
Die macht all froh un mäner noch,
heern her, ich sings un saachs eich doch!

2.
Gebore werd eich heit e Kind,
e Jungfraa sich als Mudder findt.
E Bobbelsche, ganz zaad un foi,
soll eier Glick un Fräd bloß soi.

3.
Des is de Chrischtus, unsern Gott,
der kummt un fiehrt uns aus de Not,
Der will fer uns de Redder soi,
un macht uns von de Sünne frei.

Was fer en Seesche, dass do so en Himmelsbriefträächer runner zu de Mensche kumme war mit dere Neiischkeit vun demm Chrischtkinnel, wu mer kaum glaawe kann: Des Bobbelsche, ganz zaad un foi, der klä Feecher soll unsern Herrgott soi? – Bloß gut, dass denne Hirte en Engel erschiene is, sunscht hätten se sich mitsamt de Schäfelscher vielleicht halwer dodgelacht bei dere komische Noochricht. Un wie gut, dass der himmlische Flischelflitzer hot de Hirte des e bissel erkläre känne: „Ihr wern sähne", heeßts in demm Liedel, „der kummt un nimmt eier ganze Sünne uff sich". Am Woihnachtsowend kummt der Engel nunner uff die Erd un lescht all de Menschekinner des Oschterpäckel in de Schoß: Des Messiasel, wu uns all mitnemme will ganz noh hie zu soim Vadder, hie zum Herrgott. Un wanns mich net deischt, is der Engel ach grad äner vun denne, wu gut dreißisch Johr späder de Fraue am leere Oschtergrab iwwer de Weesch laaft un se froocht: *„Was suchen ehr grad denn, wu am Lewe is, bei de Dode? Der is nimmie do; denn hot de Herrgott aus em Dod zu sich ins Lewe gholt."* (Lk 24, 6-7)

4\.
Der bringt eich all die Selischkeit
die wu beim Vadder steht bereit,
dass mir mit eich im Himmel sin
un s Lewe dann kä End mäh findt.

Is des net schä, dass uns der Himmelsbriefträächer do e bissel in denn Himmel noigucke losst, wu sunscht käns noispitzle kann? Es is, als deet der Woihnachtsengel e Brick baue wolle zwische do hunne un do owwe, zwische Erd un Himmel, zwische de Leit in de ganze Palz un demm Herrgott do owwe: Zamme mit de ganze Engelscher sollen mer demm Herrgott des Hosianna singe uns Lewe soll kä End nemme! Nix vum Lewe war dann umsunscht, alles werd mol gut uffghowe soi beim Vadder im Himmel. – Kä Wunner, dass bei so re gute Noochricht manche Leit hiegehen, un an die Gräwer vun ehre verstorwene Verwandte Engelscher hiesetzen: Engelscher, wu zeischen, dass die Brick schun längscht gebaut wore is:

5\.
Un wann mern sucht, was sieht mer do:
e Kripp un Winnle merb un groo,
do lischt der zwische Bredderwänd
wu traacht die Welt mit Kinnerhänd.

8\.
Kummscht in moi Näh, was is des schä,
ach wann moi Sünne sin net klä.
Kummscht zu mer in moi Elend noi,
was muss ich dir do dankbar soi.

9.
Du Gott machscht unser Welt so schä,
un kummscht dann doch als Kind ganz klä.
Liegscht do uff derrem Hei un Stroh,
wu fressen Ochs un Esel froh.

Des mit dere Himmelsbrick vum Woihnachtsengel is kä dumm Gebabbel, des dirfen ihr mer glaawe: Weil de erscht, wu iwwer die Engelsbrick driwwer is, war jo de Chrischtus selwer: Zu uns Mensche in die Welt noi is der klä Chrischtus kumme, hot unser Näh gsucht un e Stickel vum Himmel zu uns runnergebroocht. Alleweil wären mir an de Reih, die erschde Schriddelscher zu gehe: iwwer die Engelsbrick, hie an de Stall, hie zum Himmel. Do kann mer doch gar nimmie annerscht wie singe – odder?

15.
Lob, Ehr dir Gott vorm Himmelsthron,
du, wu uns schenkscht doin Bu, doin Sohn.
Was frät sich do de Engelschor
dut singe uns e neies Johr.

4. Engel, wu em Kraft gewwen
Die Gschicht vum Laurentius-Engelsche

Gut zwähunnert Johr nooch de Geburt vun unserm Jesus hot in Rom en Mann gelebt, der war vun Beruf Diakon un hot mit Name Laurentius ghäße. So en Diakon hot domols die Uffgab ghat, nooch de Arme un Kranke zu gucke.

All hänn se denn Laurentius gern ghat, weil er liewer des Geld an die arme Schlucker ausgedält hot wies demm Kaiser Valerian in soin gierische Rache zu schmeiße. Awwer des hot em der Kaiser vun Rom iwwel genumme un hot en zwinge wolle, die ganze Götter vun Rom azubede. Wie awwer der Laurentius sich ach noch stur gstellt hot, do is demm Kaiser schier de Kraache geplatzt vor Zorn. Un er hot denn gute Kerl zum Dod verurdält: Un es hot net lang gedauert, do hot ern uff em Eiseroscht schmore losse bis er dod war.

Fer denn schlimme Dod hot er dann im Himmel en Ehreplatz kriet. Un weils jo so me Heilische nooch dere Ploocherei uff de Erd alleweil im Himmel rischdisch gut gehe soll, hänn se demm als Adjudant e klänes, dickes Engelsche an die Seit gstellt.

Des gflischelde Moggelsche hänn se sunscht nirschends rischdisch brauche känne: Fers viele Rumfliesche war er zu mopsisch, fer die Mensche mol ordentlich in de Senkel zu stelle war er zu gutmiedisch un beim Hosianna-Singe (mer kännt ach saache „Krakeele") hot er demm Herrgott soi Middaachsschläfel verdorwe. Un in de himmlisch Backstub hot der Dormel die Gutselback-Engelscher so letz gemacht, dass denne in änere Dur die ganze Gebäckselscher agebrennt sin. - Bloß bei äner Uffgab hot em käner vun denne himmlische Heerschaare ebbes vormache känne, do war er de Mäschder: Es hot kän Engel gewwe, wu so gut hot die Leit dreeschde känne wie unsern kläne Laurentius-Engel. Un all im Himmel hänn gewisst, dass es känn annere Engel gibt, wu mer so soi Herz ausschidde un wu mer so soi Sorsche dele kann. Un weil im Himmel so Engels-Name wie Rafael, Gabriel odder Michael schun vergewwe waren, hänn se all zu em „Sorsche-del" gsat.

Wie der kläne Engel Sorschedel denn arme Laurentius hot am Himmelsdor stehe sähne mit soim Kopp voller Brandblose un mit soine versengte Hoor, do sin em erscht emol die Träne gekullert, so hot em s Herz weh geduh. Glei is er gerennt un hot em als erschdes mol e kiehles Bad oilaafe losse un hot em de rußische Buckel gschrubbt.

Awwer de Laurentius war noch net rischdisch in die Wann gschdiche (de Dreck war noch net runnergeriwwelt), heert mer vun ganz weit drunne, vun de Erd, e Heilerei un Groinerei. Un weil unser Engelsche Sorschedel jo garnet annerscht gekännt hot wie sich um die Sorsche vun annere Leit zu kimmere, hot er mol glei die Wolke an die Seit gerickt un hot nunnergeguckt. Un was er do gsähne hot, war alles annere wie schä: Moin liewer Scholli, was war des fer en Schlamassel: Ganz in de Näh vun Neistadt, zwische Gimmeldinge un Ruppertsbersch war e Uwedder runnergange un Schloße hänn die ganze Trauwe zammegschlache ghat. Un mer hot vum Himmel runner die Winzer gsähne, wie wie se mit verbrillde Aache in de Wingertzeile dringstanne sin un am Groine waren.

Ihr känn eich vorstelle: Do war der Sorschedel nimmie zu hewe. Der hot denn heilische Laurentius aus de himmlisch Badwann gezerrt, un der heilische Mann hot sich noch net rischdisch bsunne ghat, war der – puddelnackisch un nass wie Katz - zamme mit demm kläne Sorschedel uff em Kärschplatz vun Gimmeldinge gstanne.
Vor de Kärsch hänn se sich dann hiegsetzt, un der kläne Engel is net mied wore, sich die ganze Sorsche vun de Winzersleit azuheere. Un des war kä leichdi Uffgab, wann

mer weeß, wie gut die Winzer jämre känn. Er hot se gedreescht un hot ne verzeelt vum Herrgott im Himmel, wu die Winzer an de Woistrooß net im Stich losst. Un de Laurentius hot ne versproche, dass ne de Herrgott die Sunn schicke un defor sorsche dut, dass zamme mit me Haufe vun neie Triewelscher an de zammegschloßte Woistöck die Hoffnung in de Herze vun de Winzersleit wachse derf. – Un ehr werns net glaawe: Mit de Sunn, wu agfange hot, iwwerm Pälzerwald runnerzublinzle, hot sich die Hoffnung unner de Leit bräd gemacht. Un wann mer e bissel genauer hiegeguckt hot, hot mer gsähne, wie die erschde griene Knoschbe aus de Rebstöck rausgeguckt hänn.

Un was mähnen ehr, wie die Leit sich gfrät hänn iwwer denn Engel un denn Laurentius. Vor Begeischderung hänn se dann glei demm Engelsche e Ehreplätzel in de evangelisch Kärsch iwwer de Orschel gewwe. Dort blost er jetzt zamme mit me annere Engel un mit em Gimmeldinger Posaunechor um die Wett. Un de Laurentius hänn se zum Patron vun de Winzersleit gemacht. Un bis heit sieht mern uff em Kärschplatz in Gimmeldinge stehe, wu er alle Johr fer en gute Herbscht sorsche kann. Bloß oigeroscht is er e bissel, weil em des kläne dicke Engelsche bis heit noch kä Handduch zum Abdrickle gebroocht hot (Anspielung auf eine vor der Gimmeldinger Kirche stehende moderne Eisenskulptur mit gewollter Rost-Patina).

Ihr Leit, wer winscht sich net ach so en kläne Sorschedel, so en Engel, wu em beim Schleppe hilft, wann mer die Sorsche selwer kaum noch traache kann.

Engel, wu em dreeschden, wanns em bloß noch zum Groine is. Engel, wu em Mut machen, wann em die Kuraasch verlosse hot. Engel, wu em Kraft schenken wie unserm Jesus in soinere schwerschde Stunn im Gaade Getsemani. Dort, wu demm vor Angscht de Schwäß wie Blut uff de Bodde gedroppst war un er in de dunkelschde Nacht zu soim Vadder gebedt hot: *„Vadder, sei doch so gut un erspar mer, dass ich denn biddre Kelch ausdrinke muss. Awwer uff mich kummts jo net a, bloß allä uff des, was du willscht."* Engel, wu em uffrichten grad wie denn Dietrich Bonhoeffer, ders noch ferdisch gebroocht hot, korz vor de Woihnachte un korz vor soim Dod aus em Gfängnis die Zeile zu schreiwe:

Do is äns, wu uns treu un fescht dut hewe,
wu uffbasst, dreescht un schenke dut soi Ohr,
do kann ich ach die schwerschde Daache lewe,
un mit eich gehe in des negschde Johr.

Un will noch Aldes unser Herze quäle,
un sin e Lascht die Daache grad wie heit,
geb Herrgott unsre uffgescheichte Seele
doi Lieb, wu fer uns lischt schun längscht bereit.

Un gibscht du uns denn schwere Kelch, denn biddre,
der wu mit Schmerze voll is bis zum Rand,
mer nemmenen ganz dankbar, uhne Ziddre,
aus doinre gute un geliebte Hand.

Do is äns, wu uns treu un fescht dut hewe,
wu uffbasst, dreescht un schenke dut soi Ohr,
do kann ich ach die schwerschde Daache lewe,
un mit eich gehe in des negschde Johr.

5. Engel, wu alsfort singen un spielen

Frei noochem Lukas-Evangelium (Lk 2, 13-14)

13 Un uff ämol war bei demm Engel e ganzes Heer
vun Engel, un die hänn agfange, em Herrgott e
Loblied zu singe. Des geht so:
14 „Du bischt äfach de Greegscht bis in de
heegschde Himmel nuff, was bischt du fer en
Kerl! Un do, uff de Erd werds ganz friedlich bei
alle Menschekinner, weil se de Herrgott äfach so
arisch gern hot."

Schun verrickt. Do sitzen die sunscht all drowwe in de Wolke als himmlische Sinfoniker, dun singe, fiedle un blose so ganz allä fer de Herrgott. Un dann am Woihnachtsfescht is uff ämol alles ganz annerscht: Do spielen die nimmie im Himmel, nä die kummen runner un machen fer umme Musik vor demm Stall vun Betlehem. Als runnerkummene Stroßemusiker gewwen die Engel e Freiluftkonzert fer die heilisch Familie, fer die Schofshirte un fer die Menschekinner uff de ganz Welt.

Kä Wunner: Wann de Herrgott selwer runnerkummt in lumbische Winnle, dann spielt soi Musik do hunne! Die Woihnachtsfräd werd vum Himmel runner in die Herze vun de Menschekinner noigspielt un noigsunge! Un all die, wu ehr Herz an denn kläne Winnelschisser hängken, wern agsteckt vun dere große Lieb. Die Engelscher kummen runner un wollen uns mitsinge un mitspiele losse. Die kummen runner, weil se wollen, dass mir selwer Engelscher wern un annere frohmachen mit unsere Musik un mit uns selwer.

Frei noochem Psalm (103)

19 Der Herr hot soin Thron im Himmel uffgstellt, iwwerall wud hieguckscht, fiehrt er soi Reschiment.
20 Hopp, ihr Engel, fangen mol a, denn Herrgott zu lowe, ihr starke Kerl, wu uffs Wort heeren un machen, was er sacht!
21 Hopp, machen un lowen de Herr, soi ganzes Reschiment vun Engel, soi Diener, wu dun un machen, was der sich ausgedenkt hot!
22 Hopp, lowen de Herr un all des, was er uff die Bä gstellt hot, egal wu ner ach lewen in soim Reich! Hopp, fang a un sing demm Herrgott e Lied, du moi Herz!

Über den Autor

Dr. Thomas Kiefer, geb. 1962 in Neustadt an der Weinstraße, wohnhaft in Neustadt-Gimmeldingen, verheiratet, Vater zweier erwachsener Kinder. Verfasser von Mundartbüchern mit theologischem Hintergrund in pfälzischer Mundart. Aus seiner Feder stammen die Bücher „Waad noch e bissel“ und „Wie schä duts klinge“ (beide Plöger-Verlag). Zusammen mit dem evangelischen Pfarrer Michael Landgraf ist er Herausgeber des ökumenischen Buchprojektes „Kärchejohr“ (Agiro-Verlag).

Studium der Theologie in Freiburg im Breisgau und Studium der Erziehungswissenschaften in Landau. Seit 1989 ist Thomas Kiefer als Pastoralreferent in der Diözese Speyer tätig. Heute leitet er im Bischöflichen Ordinariat Speyer die Abteilung „Seelsorge in Pfarrei und Lebensräumen“.

Moin Pälzer Buchstawesalat

Beim Schreiben in Mundart ist mir immer wieder deutlich geworden, dass es das »richtige« Pfälzisch gar nicht geben kann: So schreiben die einen Pfälzer Mundartberühmtheiten beispielsweise das Wort »auf« als »uf«, die anderen »uff«; die einen »Woi«, die anderen »Wei«. – Beeinflusst werden diese Variationen selbstverständlich auch durch die jeweilige Herkunft der Schreiberlinge.

So musste ich meine eigenen mundartlichen Entscheidungen treffen; und ich hoffe, dass ich mich letztendlich auch selbst einigermaßen an diese gehalten habe. Gesegnet sei schon jetzt der Tag, an dem das erste digitale Korrekturprogramm für Pfälzer Mundart zum Einsatz kommt!

Hauptkriterien für meine Schreibregeln waren zum einen die Nähe von Wortklang und Schreibweise, zum anderen aber auch die Lesefreundlichkeit (auch im Blick auf Nichtpfälzer). So habe ich um des besseren Lesens willen auf das weiche »b« verzichtet, das im Pfälzischen das »p« ersetzt.

Das »ck« bleibt in meinem Büchlein als »ck« erhalten, obwohl die Pfälzer es häufig in ein butterweiches »g« abrutschen lassen: die »Mick« (= Mücke) wird beim Sprechen zur »Migg« oder das »Gucken« zum »Gugge«.

Das End-/Zwischen-T schreibe ich in der Regel dann als »d«, wenn ein Vokal folgt: »Dochder« (= Tochter), aber: »feschthewe« (= festhalten).

Wenn im Hochdeutschen am Wortanfang »st« wie »scht« gesprochen wird (z.B. Sturz), dann bleibt auch in der Dialekt-Schreibweise das »st« erhalten; aber innerhalb von Worten wird in meiner Schreibweise aus dem »st« ein »scht«: »Lischt« (= Liste). – In der Regel sprechen die Pfälzer das »st« als »schd« aus: »Schduhl« (= Stuhl). Bei der Schreibweise habe ich mich wie folgt entschieden: Wenn nach dem »st« innerhalb eines Wortes ein Vokal folgt, wird in meiner Pfälzischen Schreibe aus dem »t« ein »d«: meischdens (= meistens), Oschdre (= Ostern). Folgt ein Konsonant, bleibt das »t« erhalten: fescht (= fest), Rescht (= Rest).

Wenn im Hochdeutschen am Wortanfang »sp« wie »schp« ausgesprochen wird (z.B. Spiel), dann bleibt auch in der Dialekt-Schreibweise das »sp« erhalten; aber innerhalb von Worten wird aus dem »sp« ein »schp«: »gschpannt« (= gespannt) – aber: »Spischel« (= Spiegel).

Hier noch ein paar Worte (in meiner Schreibweise), die für ungeübte Dialekt-Leserinnen und -Leser vermutlich nicht ganz so leicht zu verstehen sind:

aam	arm
allä	allein
äfach	einfach
Baam	Baum
Bä	Beine
Butzelsche	kleines Kind
de ände	der eine
dehäm	zu Hause
Dormel	Schimpfwort für einen Menschen, der durcheinander, verpeilt ist
Draam	Traum
drickle, abdrickle	trocknen, abtrocknen
eedärmlich	sehr dürftig, erbärmlich
eich	euch
emol (schun emol)	schon einmal – aber: äämol – ein Mal
ghat	gehabt
glaawe	glauben
gschpannt	gespannt
Gschbier	Gespür
hänn	haben, habt
heegschdperseenlich	höchstpersönlich
heere	hören
käner	keiner
känn	könnt (ehr känn – ihr könnt)
Kärsch	Kirche – aber: Kersch – Kirsche
klä	klein
kläner/-es	kleiner/kleine
Knoddelsche	süßes Kind
mäne	meinen
mäh	mehr – z.B. keine Zeit mehr
mäner	mehr – viel mehr
missener – (dann missener)	müsst ihr – dann müsst ihr
nä	nein
nooch	nach
rischdisch	richtig
schä	schön
Seesche	Segen
uff	auf

Anbetung des Kindes

Seite 10, Bildausschnitt

Maria mit Kind (Kopie nach einem verlorenen Original)

Seite 16, Bildausschnitt

Maria, das Kind anbetend, mit dem Johannesknaben

Seite 18, Bildausschnitt

Anbetung der Heiligen drei Könige

© bpk / Alinari Archives /
Mauro Magliani,
Seite 11, Bildausschnitt

Anbetung der Heiligen drei Könige;
Palazzo Ducale, Urbino

© bpk / Alinari Archives / Magliani,
Mauro for Alinari
Seite 14, Bildausschnitt

Bibliografische Informationen der Deutschen Bibliothek:

Die Deutsche Bibliothek verzeichnet diese Publikation in der Deutschen Nationalbibliografie; detaillierte bibliografische Daten sind im Internet über <http://www.dnb.de> abrufbar

1. Auflage 2018

ISBN: 978-3-946777-02-1

Autor: Dr. Thomas Kiefer

Druck: Chroma Druck- und Verlag GmbH, Römerberg
www.chromadruck.de

Verlag und Gesamtherstellung: Peregrinus GmbH, Pilgerverlag, Speyer
www.pilgerverlag.de